未来に残す・児童文学作家と画家が語る戦争体験 2

わたしの8月15日

新編

あかね書房［編］

未来に残す・児童文学作家と画家が語る戦争体験　2

わたしの8月15日（新編）

この体験記は、太平洋戦争が終わって約三十年後に書かれたものです。子どものころ戦争を体験した人たちが、記憶《きおく》も鮮明《せんめい》で心の傷《きず》もまだ生々《なまなま》しいそのままにつづりました。

戦後八十年たつ現在《げんざい》では、使われない言葉やなじみのない言葉、差別的な表現《ひょうげん》もあります。

けれど、そのとき伝えたかったことを大切にして、文章の変更《へんこう》はせずそのまま掲載《けいさい》しています。

難《むずか》しい言葉には説明を入れました。

今こそ読んでほしい、未来に残したい体験記です。

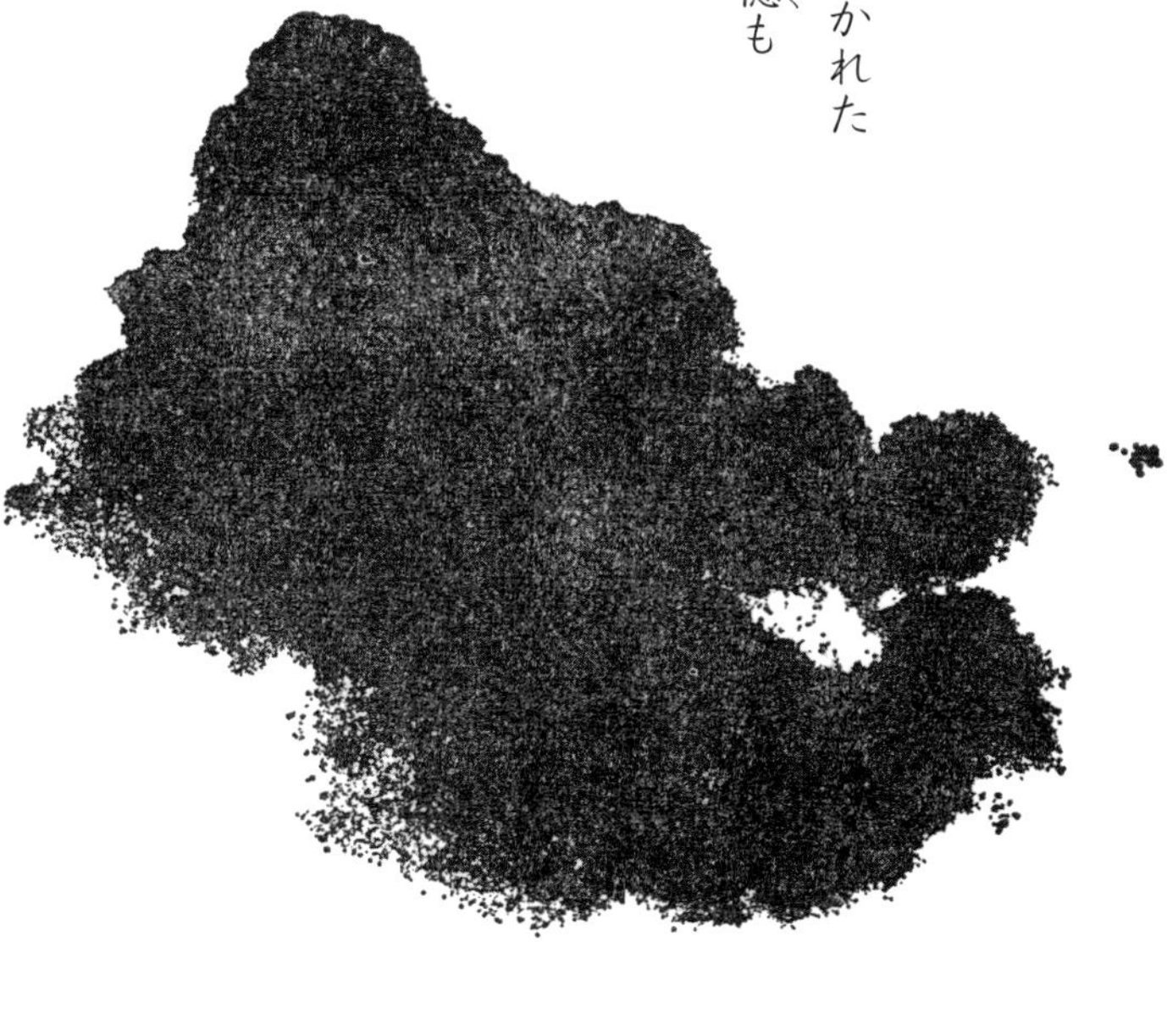

もくじ

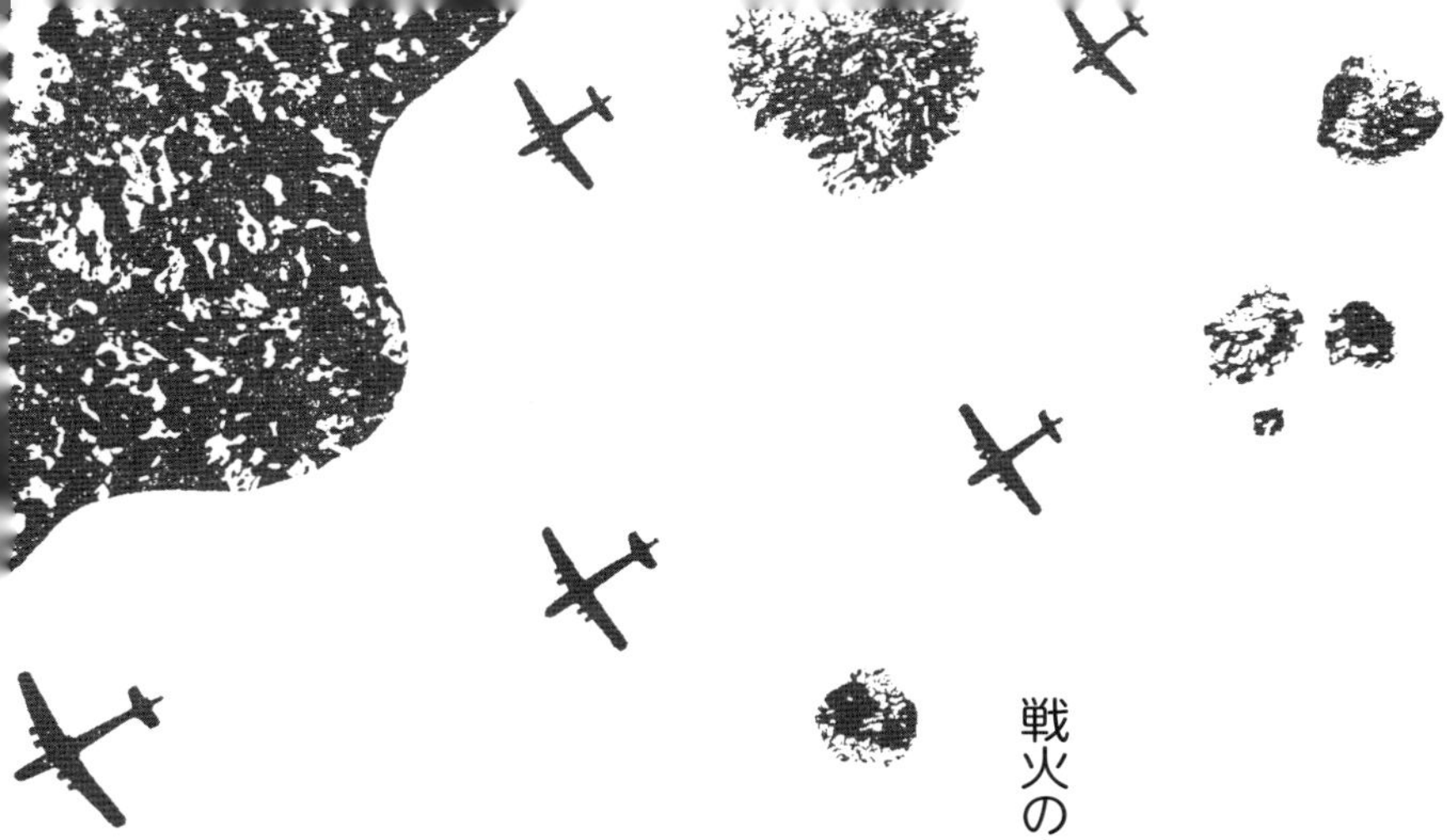

表紙・カット　太田大八

表紙・カット　赤坂三好

カット　小坂茂

杉浦範茂

斎藤博之

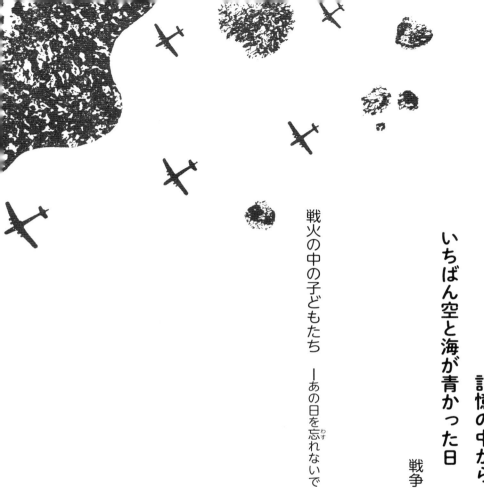

終戦の日

日本では八月十五日が、戦争で亡《な》くなった人を追悼《ついとう》して平和を祈念《きねん》する「終戦の日」(終戦記念日)です。その日、昭和天皇《てんのう》が国民に敗戦を伝える玉音放送があったからです。当時の天皇《てんのう》は神様で、国民は天皇《てんのう》のために戦いました。その天皇《てんのう》が自ら行う宣言《せんげん》を、人々はラジオの前でそれぞれの思いをもって聞いたのです。

激《はげ》しい地上戦が行われた沖縄では、日本軍の抵抗《ていこう》がほぼ終わった六月二十三日を「慰霊《いれい》の日」としています。そして、公式に沖縄戦が終わったのは、九月七日になってからのことでした。

終戦の日は国によってちがい、イギリスと韓国《かんこく》では、日本と同じ八月十五日ですが、イギリスにとっては「対日戦勝記念日」、韓国《かんこく》にとっては日本からの解放《かいほう》を祝う「光復節《こうふくせつ》」です。アメリカやフランスなど多くの国の「対日戦勝記念日」は九月二日で、中国は、その翌日《よくじつ》の九月三日です。台湾《たいわん》は、日本の支配《しはい》が終わる式典が開かれた十月二十五日を「光復節《こうふくせつ》」としています。

太平洋戦争終戦に関するおもな出来事

1945（昭和 20）年

7月 26 日	イギリス、アメリカ、中国の連合軍が「日本への降伏《こうふく》要求の最終宣言《せんげん》」（ポツダム宣言《せんげん》）を出す
7月 28 日	日本はポツダム宣言《せんげん》を黙殺《もくさつ》すると発表。アメリカは原子爆弾《ばくだん》投下の判断《はんだん》をくだす
8月14日	日本がポツダム宣言《せんげん》を受諾《じゅだく》。昭和天皇《てんのう》が終戦の詔書《しょうしょ》に署名《しょめい》
8月 15 日	昭和天皇《てんのう》がラジオ放送で国民に終戦を伝える（玉音放送）
8月 16 日	軍への正式な停戦《ていせん》命令が出される
9月 2 日	ポツダム宣言受諾《せんげんじゅだく》の降伏《こうふく》文書に調印。日本が連合国に対して正式に降伏《こうふく》する
9月 7 日	沖縄での降伏《こうふく》調印式が行われる

1951（昭和 26）年

9月8日	サンフランシスコ平和条約《へいわじょうやく》（大戦終結のための講和条約《こうわじょうやく》）に調印。国際法《こくさいほう》上では、これが正式な戦争終結となる。
1952（昭和 27）年 4月28日	サンフランシスコ平和条約《へいわじょうやく》の発効《はっこう》。連合国による占領《せんりょう》が終了《しゅうりょう》し日本は主権《しゅけん》を回復《かいふく》した

八月十五日の笑顔《えがお》

神沢利子《かんざわとしこ》

昭和二十年八月、

その頃《ころ》わたしは長野県茅野村《ちのむら》の母のもとに暮《く》らしていた。

その前年六月、麦秋《ばくしゅう》のころ、空襲《くうしゅう》を怖《おそ》れつつ西下し、結婚《けっこん》し、二週間目に夫は応召《おうしょう》した。わたしは二十歳《さい》の軍国の妻《つま》となり、翌年《よくねん》実家へ戻《もど》った。健康な若者《わかもの》はすべて兵にとられ、実家では勤労動員《きんろうどういん》の弾丸《だんがん》運びの作業中、倒《たお》れ、結核《けっかく》が再発《さいはつ》して療養中《りょうようちゅう》の、兄と母がいた。弟は仙台《せんだい》の学校にいき、これも学徒で関西方面で働いていた。上の姉の夫は戦病死し、子どもを連れ、夫の両親のもとにあり、下の姉は職業軍人《しょくぎょうぐんじん》に嫁《か》し、仙台《せんだい》

麦秋《ばくしゅう》
麦の収穫《しゅうかく》時期である初夏のころ

応召《おうしょう》
呼《よ》び出しに応《おう》じること。召集《しょうしゅう》に応《おう》じて軍の仕事をすること

勤労動員《きんろうどういん》
労働力を増やすため、義《ぎ》務《む》付けられた労働

にあった。

疎開者《そかいしゃ》として暮《く》らした売りぐいの生活に、父を四年前に亡《な》くした家では、ただもういのちをつなぐに精一《せい》ぱいであった。

その夏の日、

敗戦はもうだれの目にも明らかであったが、いよいよ終戦の詔勅《しょうちょく》をラジオで聞いた時、わたしたちは重苦しかった。

これから日本はどうなるのだ……。アメリカに占領《せんりょう》され、アメリカ軍は日本をどうしようとするのだろう……。

だが、外へでて最初に顔を合わせたひと、隣家《りんか》の酒屋の福寿屋《ふくじゅや》のおばさんと、みながよんでいたそのひとは、笑《え》みこぼれて、

「あらぁ、とうちゃんが帰ってくる。」

そうだ。彼女《かのじょ》はそういったのだ。

幼《おさな》い三人の男児をのこし、ご主人は中支《ちゅうし》に出征《しゅっせい》していた。色白でふくよかなおばさんは、ひとりで店を切り盛《も》りしていた。

学徒
学生や生徒。ここでは学校単位で動員された勤労《きんろう》（学徒動員）のこと

疎開者《そかいしゃ》
空襲《くうしゅう》からのがれるために都市部から来た人

売りぐい
服などの持ち物を売って、そのお金で暮《く》らしに必要な物を買う生活

詔勅《しょうちょく》
天皇《てんのう》の意思をあらわした文章や言葉

中支《ちゅうし》
中国大陸の中部地方。中部支那《しな》を略《りゃく》してこう呼《よ》んでいた

出征《しゅっせい》
軍隊に加わって戦地に行くこと

ひとりできりきりと働いていたこのひとは、どんなにとうちゃんを恋《こい》しく、逢《あ》いたく思って耐《た》えていたことなのか、なんと晴れやかな笑顔《えがお》だったろう。

だが、その満面《まんめん》にたたえた笑《え》みを、わたしはまともには見られなかった。

こんな時に、戦争に負けたこんな時に、手放しでよろこんでいる顔が、いくら無邪気《むじゃき》でも、恥《は》ずかしかった。怒《いか》りさえ感じていた。

みっともないと思った。

そうなのだ。わたしはおばさんが、

「利子《としこ》ちゃんもよかったねぇ。」と、共感をこめていってくれても、同じ笑顔《えがお》にはなれなかった。負けて捕虜《ほりょ》になる夫たちが、どうして鎖《くさり》を放された犬のように、日本のわが家へ戻《もど》ってこれるだろうか。見通しなど立ちはしないではないか……。

わたしは戸惑《とまど》い、とがめる顔になったかもしれなかった……。

捕虜《ほりょ》
敵方《てきがた》に捕《とら》えられた人。働かされたり殺《ころ》されたりもした。捕虜《ほりょ》になった人は、終戦後すぐには帰国できなかった

黒人奴隷《こくじんどれい》
ポルトガルやイギリスなどの奴隷商人《どれいしょうにん》によって商品として売買され、アフリカ大陸各地から、多くの黒人（アフリカ人）がアメリカ大陸などへ送られた。人権《じんけん》はなく、鉱山《こうざん》や農園などで働かされた。法律上《ほうりつじょう》は廃止《はいし》されてからも差別の根底となった

隣組《となりぐみ》では、アメリカ軍は上陸したら、日本人の男を銃殺《じゅうさつ》するだろうとか、いや、男と女にわけ、男らは八ヶ岳《やつがたけ》の方へ連れていき、むかしの黒《こく》人奴隷《じんどれい》のように強制労働《きょうせいろうどう》につかせるだろうとか、子孫《しそん》をのこさぬように手術《しゅじゅつ》してしまうだろう。女はアメリカ兵の子をうまされるだろう。家庭生活などはもうこれが最後になるかもしれぬと、みんな、口から唾《つば》をとばして語っていた……。

八月の十五日、

あれからわたしは何度その日を迎《むか》えたろう。太平洋戦争開戦の日、わたしは学生だった。戦争状態《じょうたい》に入れりという、あのラジオニュースに国中がうけた衝撃《しょうげき》……。

それまで、満州事変《まんしゅうじへん》この方、日本は戦争をし続けてきた。わたしの七つの時に始まったその戦争は、やむことなく日華事変《にっかじへん》となり、わたしには戦争は目新《めあたら》しいものではなかった。そして、戦争によって国土は一度もそこなわれなかった。明治以来、戦争は常《つね》に他国の国土を焼き、破《は》

隣組《となりぐみ》
国民統制《とうせい》のためにつくられた地域組織《ちいきそしき》。町内会などのもと、近隣《きんりん》の十軒《けん》ほどがひとつの単位となって警備《けいび》や配給などをした

満州事変《まんしゅうじへん》
一九三一（昭和六）年、満州《まんしゅう》（現在《げんざい》の中国東北部）で起こった日本軍と中国軍との武力衝突《ぶりょくしょうとつ》。日本側が鉄道爆破事件《ばくはじけん》を起こしたのをきっかけに戦争が始まった

日華事変《にっかじへん》
日中戦争。一九三七（昭和十二）年に始まった日本と中国との戦争。宣戦《せんせん》布告《ふこく》をしないまま拡大《かくだい》したので事変《じへん》とも呼《よ》ぶ

壊《かい》し、他国民を傷《きず》つけ殺《ころ》し、わたしたちは無傷《むきず》であり、小さな国土は領《りょう》土《ど》を増《ふ》やしていったのだ。あやまちは敵《てき》にあり、我《われ》は正しく、迷妄《めいもう》な彼《かれ》を導《みちび》くための戦争であった。わたしたちの中にはいわれのない優越感《ゆうえつかん》があった。しかし、太平洋戦争に戦《たたか》いが拡大《かくだい》して、だれにも容易《ようい》ならぬことになったことがわかった。戦い続けて支那《しな》を征服《せいふく》しかねている日本が、強大国アメリカを敵《てき》にまわしたのは、まったく、正気には思えなかった。開戦の時、負ける！　と感じたひとが大部分だったろう。

それが意外や、諸海戦《しょかいせん》でのはなばなしい戦果を発表されて、勝った！　勝った！　と、興奮《こうふん》とよろこびにみんなが巻《ま》きこまれていった。真珠湾《しんじゅわん》奇襲作戦《きしゅうさくせん》が恥《は》ずべきことだったと教えられたのも、戦争が負けてからであった。その後、本土は焼《や》かれた。

日本人ははじめて安全席ではなく、自分が逃《に》げ惑《まど》う立場で戦争を実感していったのだった。

何年もくり返す八月十五日のたびに、すこしずつわたしたちにわかっ

迷妄《めいもう》
事実でないことを本当のことと思いこんで、考えがまちがっていること

支那《しな》
中国の呼《よ》び名。当時、蔑《べっ》称的《しょうてき》に使われたため差別的意味合いがあり、現在《げんざい》はあまり使わない言葉

奇襲《きしゅう》
相手の油断《ゆだん》や不意をついて、予告《よこく》なしに襲《おそ》うこと。不意打ち。日本とアメリカは衝突《しょうとつ》をさけようと交《こう》渉《しょう》をしていたが、日本から交渉《こうしょう》の打ち切りを伝える文書が届《とど》いたのは真珠《しんじゅ》湾攻撃《わんこうげき》の後だった

てきたものがある。それはわたしの場合、まことに鈍《にぶ》くまことにすこしずつなのであった。そして、自明《じめい》なことがそんなにも時間をかけなくてはわからない自分をおぞましく思う気持ちと共に、それこそが大切なことなのだと思うのだ。

わたしの母は子を死なせ、夫のいない辺地で葬式《そうしき》をだす悲しみのさ中にも、ひとに涙《なみだ》は見せなかった。ただ、ひとに向けた横顔は泣《な》かず、かくれた片側《かたがわ》の目からは、とめどもなく涙《なみだ》を流していたという……。

わが子を出征《しゅっせい》させ、名誉《めいよ》の戦死をさせた時も、軍国の母は、涙《なみだ》をかくし、お役に立ってうれしいと微笑《びしょう》さえ浮《う》かべるのだ。とり乱《みだ》すのははしたなかった。大義《たいぎ》の前に、個人《こじん》の思いは圧《お》し潰《つぶ》されねばならなかった。

大学生だったおじがアカで検挙《けんきょ》された時、むかし気質《かたぎ》の祖母《そぼ》は短剣《たんけん》ひとふりを持ち、これで死ね、天子《てんし》さまに申しわけないと、息子《むすこ》に迫《せま》った……。女々《めめ》しいことはわが家では忌《い》まれた。女々《めめ》しいとは自分ひとりの感情《かんじょう》に溺《おぼ》れることであった。

自明《じめい》
証拠《しょうこ》がなくてもわかるほど明らかなこと

アカ
共産主義者《しゅぎしゃ》。治安維持法《ちあんいじほう》によって取り締《し》まられた。戦争中は、考え方にも制限《せいげん》があり、反戦をとなえたり国家への不服を言うだけでも捕《つか》まることがあった

検挙《けんきょ》
警察《けいさつ》の取り調べをうけること

天子《てんし》さま
天皇陛下《てんのうへいか》のこと

武士《ぶし》の娘《むすめ》が口癖《くちぐせ》の母……その悲しい性癖《せいへき》は、そのために彼女《かのじょ》の人生をある時は支《ささ》えたろうが、その反面、どんなに生き難《がた》いものにしただろう。今年、七十八歳《さい》の母の生きざまに、わたしは無骨《ぶこつ》にぎくしゃく生きてきたひとが、自分と他人をどんなにか傷《きず》つけてきたかと、切ない思いがするのだ。

わたしたちが身《み》にまとっていたのは何なのだろう。長い間に信じられないほど身にしみついていた故《ゆえ》もない差別《さべつ》の（たとえば、支那《しな》（中国）をチャンコロとよび、ロシアをロスケとよぶことが、子どもの時から聞きなれたことばであったそれひとつをとってさえ）優越感《ゆうえつかん》は、ほんとうにきびしく自分をみつめなくてはすぐに意識《いしき》の下に埋《う》もれてしまうのだった。戦後、貧《まず》しかった時期に、わたしはいつも中国服を着ていた。流行のない布地《ぬのじ》の少なくてすむ服は、ひとからのもらいものでもあった。納屋《なや》のような小屋に住むわたしは、近所の子に、シナ、チョーセンと、あざけられた。

無骨《ぶこつ》 洗練《せんれん》されていないこと。礼儀《れいぎ》や作法を知らないことあざけられてわたしは傷《きず》つきはしなかった。わたしは日本人で、シナでもチョーセンでもなかったのだから……

その思いを今何といおう。

チョーセンでないことが、何でよかったのだ。チョーセンで何がわるかったのだ。子どもも、あきらかに侮蔑《ぶべつ》の意味を声を投げつけ、わたしはその意味通りに受けて、わたしは違《ちが》いますよと頭をあげていただけなのだ。

その自分に気づいたのすら、何年もたってからのことであった。貧《まず》しく家賃《やちん》も電気代も子どもの月謝《げっしゃ》も払《はら》えない結核《けっかく》の、肺病《はいびょう》やみのわたしには、自分を支《ささ》えるために、もっとわるい状況《じょうきょう》のひとが必要だった。わたしはあのひとよりはましだ。あのひととは違《ちが》う……社会の底辺に生きるひとを、或《あ》る時支《ささ》えるのがこんな差別《さべつ》の思想であるのなら……わたしはやっと、士農工商《しのうこうしょう》の下に差別される階級を作った体制《たいせい》の意味がわかった気がしたのだ。

侮蔑《ぶべつ》
他人を見下して、自分より劣《おと》っているとみなすこと

士農工商《しのうこうしょう》の下
江戸時代の日本には士農《しのう》工商《こうしょう》という身分制度《せいど》があり、その下の身分の人もいた。より低い地位があることで、士農工商《しのうこうしょう》に属《ぞく》す人びとの不平不満をおさえる役割《やくわり》もした

何年も八月十五日を迎《むか》えて、わたしはやはり、愚《おろ》かしい白髪《しらが》まじりの日本の女で、まだまだ、賢《かしこ》いひとたちとほど遠いところに立っている。

それでも、その体で感じた実感を大切にするよりないのだと思う。信じるのは自分の体で感じることしかないのだ。ひとより一歩二歩、いえ、何歩遅《おく》れても、急いでうわずって走ってはいけないと思うのだ。

それにつけても、あの日の笑顔《えがお》。

とうちゃんが帰ってくると、笑《え》みこぼれたひとの顔は年ごとに新しく、その笑顔《えがお》を、愛するひとをこの手に抱《だ》き迎《むか》えるよろこびに溢《あふ》れた率直《そっちょく》な顔を、貴《とうと》く思い、笑顔《えがお》を持てなかった自分の縛《しば》られたものを、ひとつひとつ解《と》き放《はな》すことに、わたしはまだまだ時間をかけているように思われてならない。

ながいひなまつり

立原《たちはら》えりか

その年、春がくる前に、私《わたし》たちは東京をはなれました。はなれたと言っても、江戸川《えどがわ》をこえて、千葉に越《こ》したのですから、そんなに遠くへ行ったわけではありません。

父は海軍の兵隊《へいたい》で、とっくに南の島（それが小笠原《おがさわら》だったことを知ったのは、ずっとあとのことです）へ行かされていて、千葉の家で暮《く》らしたのは、母と私《わたし》と、弟と妹です。

「東京はあぶないから、早くはなれた方がいい」と、たいていの人がおもっていました。前の年の秋には空襲《くうしゅう》がありましたし、毎日のようにサ

小笠原《おがさわら》
東京から南へ千〜千三百キロにある小笠原諸島《おがさわらしょとう》の島々は、本土空襲《くうしゅう》の爆撃《ばくげき》機《き》の中継《ちゅうけい》地点としてアメリカ軍にねらわれて激戦《げきせん》地《ち》となり、多くの人が亡《な》くなった

イレンが鳴《な》りひびいていたのです。みんなが、安全な場所へ行きたがっていました。

けれど、今住んでいる家を捨《す》てて、よそで暮《く》らすには、大変な決心がいります。引越《ひっこ》すには、たくさんの荷物を運ぶ力がいります。それなのに、どこの家にも、「さあ、行こうよ。」と、きっぱり告《つ》げる声の主《ぬし》はいなかったし、荷物をどうしたらいいのか、てきぱきと決めてくれる男の人がいませんでした。

三人の子どもをかかえた母が、千葉へ移《うつ》ることに決めたのは、夏になるといつもあそびに行っていた家があったからです。海辺《うみべ》のその家が安全かどうかは、少しもわかりませんでした。

肌《はだ》さむい朝、私《わたし》たちは荷物といっしょにトラックにのりました。母は、それより前に、父の田舎《いなか》へ荷物を送っていましたから、たいしたものは残っていません。ふとんがひと山と、ラジオと、テーブルくらいでした。それに、おひなさまがひとそろいです。

私《わたし》は、ぴかぴかのランドセルをしょっていました。中には、四月になったら使える、一年生の教科書《きょうかしょ》と、その頃《ころ》の小学生がみんな持っていた非常食《ひじょうしょく》が入っていました。

あの朝、たよりにならない三人の子どもたちと、わずかな道具をかかえてトラックにのった母がどんな想《おも》いだったか、愛し合った父と生活した家を捨《す》てて行くとき、どんなに淋《さび》しかったか、そして、それからあとにやってきた戦災《せんさい》や田舎《いなか》での暮《く》らし、食べるものを手に入れるための苦労ばかりの日々《ひび》を、どんな風にすごしたのか、私《わたし》にはわかりません。いちど、さしむかいで、ノートを手に、平凡《へいぼん》なひとりの女だった人のことばをきいておこうとおもっていたのに、できないまま、母は亡《な》くなりました。ちゃんと話し合っておけばよかったのに、母は、おそろしかったり、かなしかったりした日が、何年の何月何日と、おぼえていたのに、もうたしかめることはできません。私《わたし》は、とてもはげしく母との対話を怠《おこた》った自分をせめます。何十年か生きてきた人には、たとえその人が、あたりまえすぎて、目立つことはひとつもせず、よその人に名前を知られることもなくても、ちゃんとした歴史《れきし》をもっているのです。そして、あの戦争《せんそう》のことを、いちばん正しく語れるのは、一冊《さつ》の本も書かず、一枚《まい》の絵も描《えが》くことなく、ひっそりとだまって生きている、四十すぎの人びとではないか、その人たちの胸《むね》のおくには、死ぬまで消えることのない暗いほのおがもえているのではないかと、私《わたし》はおもうのです。

千葉の家は、夏ごとに私《わたし》たちをむかえたときと同じように、海辺《うみべ》の林の中に、ひっそりと立っていました。海に入るには早すぎる季節でしたが、私《わたし》たち子どもは、なつかしい光景をみつけてはしゃぎました。どこまでもつづく砂浜《すなはま》と、ゆっくりうたっている海は、戦争《せんそう》のことなど少しも関係ないように平和で、ゆたかだったのです。

おどろいたことに、母は、着くとすぐ荷物を開いて、おひなさまを飾《かざ》りました。いつもの年なら、あと三日で三月になるという日におひなさ

四十すぎの人びと
この文章が書かれたときに四十歳《さい》すぎだった人は、戦争が終わったときに十歳《さい》以上の人になる

まを出すのに、一週間も早いのです。

私《わたし》のおひなさまは、立派《りっぱ》なものでした。両親と祖父母《そふぼ》たちにとって、はじめての女の子でしたから、みんなが、精《せい》いっぱい祝《いわ》ってくれたのでしょう。七段飾《だんかざ》りのいちばん上にすわっている内裏《だいり》びなは、手がとどかないほど高い場所でした。

「おひなさまを出してあげて。」

母に言われて、私《わたし》はまたびっくりしました。こわしたり、よごしたりするといけないからと、いつもさわらせてもらえなかったのに、

「みんな出して、したくしてあげて。」

と言うのです。

私《わたし》はうれしくてたまりませんでした。さりさりとゆれる妃《きさき》の冠《かんむり》や、三人官女《かんじょ》たちの金の道具、うるしぬりの牛車《ぎっしゃ》や、手のひらにかくれてしまう食器《しょっき》をとりだしてはにこにこしました。

真っ赤なもうせんをしきつめた部屋は、ひときわあでやかで、明る

もうせん
羊毛などでつくられたフェルトのような生地《きじ》の和風のカーペット。赤いもうせんは、ひもうせんという

かったものです。私《わたし》と弟は、林の中を歩きまわって、桃《もも》の花をさがしました。そこに、古い桃《もも》の木があるのを知っていたからです。

桃《もも》の花は、まだ固《かた》い、でもうすべにいろをちらりとのぞかせたつぼみでした。私《わたし》はそれをおってきて、ひな段《だん》に飾《かざ》り、人形に持たせました。

人形は、ひな段《だん》の横においてありました。ひとそろいのひな人形といっしょに買われたその人形は、二歳《さい》になった妹と同じくらい大きくて、祖母《そぼ》が、わざわざ京都まで行ってあつらえたものだったのです。ふっさりした髪《かみ》の毛《け》と、黒い目をしていて、顔は、私《わたし》に似《に》せてつくられていました。

いつもそうだったように、私《わたし》は人形の胸《むね》に桃《もも》の小枝《こえだ》をそえて、ガラスのふたをしめようとしました。ひな人形とはちがって、大きなその人形は、ガラスのケースに入れたまま飾《かざ》ったものだったからです。

「いいのよ、そのお人形、抱《だ》きたければ抱《だ》きなさい。」

母が言いました。私《わたし》はよろこびで、天にのぼりそうになったものです。

私《わたし》にそっくりで、きれいなたもとの着物を着ているその人形を抱《だ》いてねむれたら、どんなにいいかと、おもいつづけていました。小さな足にはいている白いたびをぬがせてみたいと、三月がくるたびにねがったのに、ゆるされませんでした。それが今、かなえられるのです。

うれしいできことは、それだけではありませんでした。その年、三月四日がきても、母はおひなさまを、しまわなかったのです。しまわないどころか、小さいうつくしい道具であそぶことをゆるしてくれたのです。銀《ぎん》の花びらを描《えが》いた小さいたんすのひきだしをあけ、針箱《はりばこ》にさわり、つややかな色のお椀《わん》に草をもって、私《わたし》はままごとをたのしみました。とても幸福でした。

何年ものあいだ、幼《おさな》い私《わたし》は、おひなさまの道具をままごとに使いたいとねがっていたのです。きれいな大きい人形を、いつも抱《だ》きしめていたいとおもったのです。三月三日が一年中つづいて、おひなさまをずっと出しておきたいと夢《ゆめ》みたのです。そのすべてがかなえられたのですから、

たもと
和服のそで。とくに袋《ふくろ》状《じょう》のたれ下がった部分

たび（足袋《たび》）
おもに和服のときにはく、布《ぬの》でできたはきもの。草履《ぞうり》がはきやすいように、親指をいれる部分が分かれている

うっとりと幸福でたまりませんでした。

安全だとおもっていた海辺《うみべ》の家にも、いやらしいサイレンの音がきこえてくるようになりました。夜になっても、あかりをともすことはできませんでした。あかりをともすと、空にいるＢ29が、たちまちみつけて、バクダンをおとすからです。

四月になって、私《わたし》は学校に行くようになりました。が、教室にすわって、のんびりと黒板をみつめたおぼえはありません。おぼえているのは、暑くてたまらないのに、綿入《わたい》れのずきんをかぶって、サイレンがひびくたびに机《つくえ》の下にもぐったことばかりです。

校庭《こうてい》には、Ｂ29がバクダンをおとしたあとがありました。それは巨大《きょだい》なスリバチ型《がた》の穴《あな》で、私《わたし》たちは斜面《しゃめん》を走りまわっておにごっこをしたものです。たいらな地面を走るよりずっとスリルがあって、おもしろいおにごっこでした。

あかりをともすことはできません
敵《てき》の爆撃目標《ばくげきもくひょう》にならないように、夜でも光を建物の外にもらしてはいけない灯火管制《とうかかんせい》という決まりがあった。あかりをつけるときは、照明は布《ぬの》や紙で覆《おお》い、窓《まど》には黒いカーテンをするなどして光がもれないようにした

Ｂ29
アメリカ軍の爆撃機《ばくげきき》

スリバチ型《がた》の穴《あな》は、町のあちらこちらでみつかりました。学校に行くと、だれかが、きのうできた新しい穴《あな》のうわさをして、それがこれまでにみつけたものの中でいちばん大きい、と言うのです。すると私《わたし》たちは、学校のかえりに新しい穴《あな》へあそびに行きました。

きのうまで、そこには家があって、生きている母親と子どもたちがいたのです。不意《ふい》におとされるバクダンは、一瞬《いっしゅん》に家といのちをふきとばし、あとに、巨大《きょだい》な穴《あな》をのこしたのでした。

おにごっこをしながら叫《さけ》び、笑《わら》っていた一年生の私《わたし》は、あのとき、ふきとばされて死んだ人のかけらをふみつけていたのかもしれません。

「つかまえた！」とさわぎながら、大笑《おおわら》いしながら、あそびまわっていた私《わたし》たちの足の下に、死んで行った人の小指が埋《う》もれていたかもしれないのです。私《わたし》は七つのときに、もう、おそろしい罪《つみ》をおかしていたのかもしれません。

おとなたちが、スリバチ型《がた》の穴《あな》に近づこうとしないのは、そこで何がおこったか、知っていたからでした。わざわいのあとを、みたくないから、明日は自分たちが、巨大《きょだい》な穴《あな》になってしまうかもしれないとおもうのがこわかったからです。

今、おとなたちは言います。精《せい》いっぱい、正直に生きている人はしあわせになれる。良いことをすれば、良いむくいがある、と。三十年前もおなじでした。

けれど、精《せい》いっぱい生きて、悪《わる》いことは何もしなかった人たちが、ふきとばされて死んで行ったのです。この戦争《せんそう》は正しいと信じきっていたおとなたち、夫を兵隊《へいたい》にとられ、サイレンの音におびえながら子どもたちを抱《だ》きしめて、うずくまるばかりだった母たちは、巨大《きょだい》な穴《あな》を見て、はじめて立ちすくんだのではなかったのでしょうか。

家ではあいかわらず、おひなさまがほほえんでいました。愛らしいくちびるをかすかにひらいて、にこやかに笑《わら》いかける白い顔が、暗い部屋の中で、花のようにおだやかでした。

むくい（報《むく》い）
行ったことの結果として
身に返ってくること

空襲《くうしゅう》を告げるサイレンが、毎日のようにきこえるようになって、私《わたし》はもう、学校へ行かなくなりました。

「田舎《いなか》へ、疎開《そかい》しましょう。」

やっと、母は決心したのです。そのころではまれな、恋愛結婚《れんあいけっこん》をした母は、父の家族《かぞく》たちと、うまくいってはいなかったようです。水戸《みと》に近い父の生家《せいか》へ行くこともありませんでした。母の実家へ行かれればよかったのですが、深川《ふかがわ》にいた祖母《そぼ》たちはとっくに家を焼《や》かれて、いとこたちにひきとられ、私《わたし》たちの世話をするどころではなかったのです。

「また引越《ひっこ》すの？　おひなさまはどうするの？」

私《わたし》はききました。

「持って行くことはできないわ。」

しずかに、母が言いました。「そんなのいやだ。おひなさまも持って行こう。」と、大声でわめいてもいいのに、そうはさせないひびきが、母の声にこもっていました。

疎開《そかい》
空襲《くうしゅう》からのがれるために、安全な地方の農村などに移《うつ》り住んだり、財産《ざいさん》など大切なものを避難《ひなん》させることいくつもの、ほんのりとにおう白い顔が、たちまちぼっとかすみました。

「なみだなんか、こぼしちゃいけない。私《わたし》は立派《りっぱ》な日本の子どもだ。泣《な》いていては戦争《せんそう》に勝てない。」

私《わたし》は自分に言いきかせました。そう教えられていたからです。

「では、お人形だけつれて行くわ。私《わたし》が抱《だ》いて行くからいいでしょう。」

なみだをのみこみながら、母にたずねました。

「いいわよ、しっかり抱《だ》いて行きなさい。母さんは、ふたりをつれて行かなければならないから。」

母は言いました。二つの妹を背《せ》に、五つの弟の手を引《ひ》かなければならない母に、私《わたし》は甘《あま》えられませんでした。

田舎《いなか》へは、七日後に行くことになりました。もう、六月か七月になっていたとおもいます。千葉の町のあちこちにバクダンがおちて、焼《や》けただれていました。海辺《うみべ》の、私《わたし》たちの家にだって、いつ天から火が降《ふ》りそそぐかわからない状態《じょうたい》だったのです。

夜になっても、お風呂《ふろ》どころか、ねまきに着がえることさえできませんでした。服《ふく》は着たまま、靴《くつ》ははいたまま、もし火の手があがったら、すぐ家をとびだせるように、わずかなものをつめたリュックサックをそばにおいて、私《わたし》たちはねむりました。

真っ赤なもうせんは、あいかわらずあでやかに、不安な部屋をいろどっていました。内裏《だいり》びなは、金の冠《かんむり》をかがやかせながら、おっとりとほほえんでいました。

「たとえ何がおこっても、これだけは抱《だ》いて行こう。」

私《わたし》は決めていました。どれも大好きなひな人形たち……みんな大切な、うつくしい道具をおきざりにしなければならないときがきても、私《わたし》にそっくりな人形だけは持って行こう……。いっしょにねるようになった人形をなでながら、私《わたし》はくりかえしたのです。

家と、まわりの林が火の海になったのは、明日父の田舎《いなか》へ行こうとしていた晩《ばん》でした。

何が何だかわからないまま、母と私《わたし》たちは、逃《に》げまどう人びとのむれに加わっていました。どこもかしこも燃《も》えていて、走って行くはずの道も、ひとすじのほのおに変わっていたのです。

「海ぞいに行け。陸はもうだめだ。波打《なみう》ちぎわを歩け。」

だれかが叫《さけ》んでいました。

どこを、どう走りまわったのか、おぼえていません。かすかにおもいだすことができるのは、波《なみ》にぬれそぼった靴《くつ》の感じと、走って行く赤黒い人のむれだけです。

われにかえったのは、焼《や》けただれた家にもどったときでした。ひなまつりのよろこびをうたいあげていたもうせんも、ひな人形も、あとかたなく燃《も》えつきてしまっていました。ゆうべまで、たしかにあって、おおらかにほほえんでいた白いほおのうつくしい顔は、どこにもなかったのです。

そして私《わたし》は、あれほど固く決心していたのに、人形を持ちだすことができませんでした。自分のいのちを持ちだすだけで精《せい》いっぱいだったのです。

ほかの人びとのように、何か残ってはいないかと、焼《や》けあとをさがす母のそばで、私《わたし》は人形をみつけようとしました。うすみどりの絹《きぬ》に白い鶴《つる》を描《えが》いたふりそでを着て、におうように笑《わら》いかける、私《わたし》によく似《に》た人形をさがしたのです。

抱《だ》いてねたふとんさえ、残っていないのに、人形が無事《ぶじ》でいるはずはありません。

一生の宝《たから》ものにしようとしていた、名前もまだつけていなかった人形は、ひとかけらの灰《はい》も残さずに、燃《も》えつきてしまったのです。

燃《も》えてしまった、とわかっても、私《わたし》はあきらめきれませんでした。どこかで、おっとりとすわっているような気がしてならなかったのです。

たどりついた田舎《いなか》では、これまでとはまったくちがう生活がはじまりました。町とちがって、田舎《いなか》の学校は、一時間も歩かなければ行きつけないほど遠くです。ひとりで家を出た私《わたし》は、たいてい道に迷《まよ》って、森の中をさまよったあげく、学校には行かずに、祖母《そぼ》が用意してくれた私《わたし》たちの小屋へもどりました。

「何か手伝わなければ。お世話になっているのだから。」

と、母は生まれてはじめての野良《のら》しごとに出ました。弟と妹をつれてです。だから、小屋はからっぽで、私《わたし》は宿題《しゅくだい》をするかわりに、早くから疎開《そかい》させておいた母のたんすや長持《ながもち》をしらべました。

もしかしたら、あの人形が入っているかもしれないとおもったのです。もちろん、みつかるわけがありません。

私《わたし》は、あきらめることができませんでした。せめて、人形のかたちの灰《はい》か、ふりそでの切れはしでもみつけたら、あれがもういないことを、信じたかもしれません。けれど、燃《も》えているのをみたわけでもない人形

野良《のら》しごと
田畑での仕事。農作業

長持《ながもち》
衣類や寝具《しんぐ》を入れた横に長い大型《おおがた》の収納用《しゅうのうよう》の木箱で、左右に棹《さお》を通すための金具が付いており、その金具に太い長持棹《ながもちざお》を通して二人で運んだ

が、もうないとおもうのはむずかしいことでした。それに私《わたし》は、まだ七つで、空想《くうそう》と現実《げんじつ》のさかいがつかない幼《おさな》さを持っていたのです。

(だれかが、あのお人形をたすけてくれたのかもしれない。)

そうもおもいました。すると、空想《くうそう》はかぎりなくひろがって、だれかやさしい人が、私《わたし》の人形を返しにきてくれるときが心にうかぶのでした。

学校に行くかわりに、森のおくにすわって、私《わたし》はあの人形や、ひな人形たちの行方《ゆくえ》について考えつづけました。あれほどうつくしい、あれほどなごやかなものたちが、あとかたもなく焼《や》かれてしまってよいはずがない、あれたちが燃《も》えてしまうなんて、そんなことがあるはずはないと、私《わたし》はくりかえしたのです。もしまちがえて、あれを焼《や》いた人がいるなら、きっとまちがいに気がついて、ごめんね、と言って、返してくれるにちがいないともおもいました。

八月十五日、とっくに夏休みになっていて、私《わたし》は小屋の裏《うら》にある草むらにいました。

祖母《そぼ》の家には、父が読んだという古い本がたくさんあって、私《わたし》はもっぱら、それにしがみついていたのです。

草むらにすわりこんでいると、急いで歩いて行く人びとがみえました。

「どこへ行くの？」

顔見知りのおじさんをみつけてきくと、彼《かれ》は妙《みょう》に白い顔でこたえてくれました。

「あんたもおいで。ギョクオンホーソーがあるんだから。」

みんなは、私《わたし》の祖父《そふ》がもっている、村でいちばんよくきこえるラジオをききに行こうと急いでいるのでした。

テンノーヘーカがラジオで話されるのがギョクオンホーソーで、それが大変なできごとだったのがわかったのも、ずっとあとになってからです。

おじさんといっしょに、私《わたし》は『おもや』とよんでいた祖父《そふ》の家へ行き

ギョクオンホーソー
玉音放送。天皇《てんのう》が終戦を国民に伝えたラジオ放送

テンノーヘーカ
天皇陛下《てんのうへいか》

ました。広い土間《どま》には、村中の人がつめかけていて、弟と妹をしっかり抱《だ》いた母もいました。どういうわけか、みんなはいつもしている手ぬぐいのほおかむりをとって、前かけもはずしていました。

なんだかお祭《まつ》りのようだとおもいながら、私《わたし》は立っていました。

やがてはじまったギョクオンホーソーは、なんのことやらわかりませんでした。放送の途中《とちゅう》で、たいていのおとなたちが泣《な》きだし、母も、日《ひ》焼《や》けした手でほおをぬぐいはじめましたけれど、私《わたし》にはそれが、とてもふしぎに見えました。

わかったのは、「戦争《せんそう》が終わった」ということだけでした。そういえば、晴れた空に、B29の姿《すがた》がみえるのに、もうバクダンはおちてきません。

「アメリカ兵《へい》がやってくるぞ。」

「アメリカ兵《へい》がきて、女や子どもをさらって行くかもしれんぞ。」

「皆《みな》ごろしにされるかもしれん。」

ひそひそとささやく人もいました。

おもや（母屋・母家）
ひとつの敷地《しきち》にあるいくつかの建物のうち、中心となる建物

土間《どま》
建物の中で、床《ゆか》をはっていなくて地面のままか漆喰《しっくい》などで固めた場所。土足のまま出入りができ、台所や作業場などとして使う

ほおかむり
手ぬぐいなどをかぶってあごで結び、頭やほおをおおうように身につけたもの

「ほんとうに、戦争《せんそう》が終わったわ。おとうさんが、かえってくるかもしれない。」

大切なひみつをうちあけるような、ほのぼのとした声で、母がささやきました。

「よくきいておきなさい。これがテンノーヘーカのお声で、めったにきくことができないのよ。」

とうながされて、私《わたし》は終わりかけている放送に耳をかたむけました。

やっぱりよくはわかりません。

ただ、ほんのこれだけ話すだけで、戦争《せんそう》を終わりにできるようなえらい人なら、私《わたし》の人形だって、返してくれることができるにちがいないとおもいました。

父もかえってきて、真っ赤なもうせんやひな人形も返してもらって、母は「つかれた」と言わない優《やさ》しい人にもどるだろう。テンノーヘーカはとてもえらい人で、何でもできるのだから、私《わたし》の人形を返してくれる

ことくらいわけはないはずだと、しきりに考えていました。

けれど、その日から始まったのは、戦争《せんそう》をしているときよりももっと苦しい、もっといたましい暮《く》らしだったのです。人形を返してもらうどころか、持っているたったひとつの財産《ざいさん》にちがいなかった母の着物さえ、一枚《まい》のこらずうしなってしまう生活、たべるためなら、死人をふみつけるどころか、たましいさえ売りわたしかねない暮《く》らしに、私《わたし》たちはおちこんだのです。

ながかったひなまつりは、いまだに私《わたし》を苦しめます。三月が近づくたびに、いちめんにひろがる赤いもうせんと、白い小さないくつもの顔が、夢《ゆめ》にでてくるのです。

「わたしたちに、さようならもいわないで」と、焼《や》きほろぼされたひな人形たちが私《わたし》を笑《わら》っています。そして今、私《わたし》ははっきりと知っています。私《わたし》にそっくりだったあの人形は、永遠《えいえん》にもどってこないと。

いたましい 心が痛《いた》むような、つらいこと

ネガとポジ

杉浦範茂《すぎうらはんも》

昭和二十年四月、ぼくは中学二年生になった。と同時に学徒動員で工場へ通うことになった。つまり、通学ではなく通勤《つうきん》である。

名古屋海軍航空隊伊保原飛行場《なごやかいぐんこうくうたいいぼはらひこうじょう》の片隅《かたすみ》にあった整備《せいび》工場、これが通勤《つうきん》先《さき》である。

その工場とぼくの家とは、たんぼをはさんで、二・五キロほどの距離《きょり》があった。

間に邪魔《じゃま》するものが何もなかったから小高《こだか》い丘《おか》の上に建っている格納《かくのう》

学徒動員
農村や工場の労働力不足を補《おぎな》うために学生生徒（学徒）を強制的《きょうせいてき》に働かせた

庫《こ》が、ぼくの家からよく見えた。

通勤路《つうきんろ》はたんぼのあぜ道《みち》である。

れんげの花のじゅうたんをしきつめたような中を通える間は、まだよかったが、それは長くは続かなかった。

六月になると、艦載機《かんさいき》の襲撃《しゅうげき》がひんぱんになった。

三十キロほどはなれた名古屋を空襲《くうしゅう》して成層圏《せいそうけん》飛行で通りすぎるB29は、まったくといってよいほど、こわくはなかった。

しかし、超低空《ちょうていくう》で機銃《きじゅう》をあびせてくる艦載機《かんさいき》は、行動がすばやく、油《ゆ》断《だん》できなくて、こわかった。

その機銃《きじゅう》から逃《のが》れるために、ぼくたちは丘《おか》の斜面《しゃめん》に横穴《よこあな》をいくつも掘《ほ》った。

空襲警報発令《くうしゅうけいほうはつれい》と同時に斜面《しゃめん》をすべり落ちるようにして、穴《あな》へ逃《に》げ込《こ》むのだった。

穴《あな》へ逃《に》げ込《こ》むまでは正直いってこわかった。

艦載機《かんさいき》
軍艦《ぐんかん》につまれていた爆撃《ばくげき》機《き》

成層圏飛行《せいそうけんひこう》
飛行機が成層圏《せいそうけん》（地上から約十～五十キロメートルの高さの空気の層《そう》）に近い高い空を飛ぶこと

B29
アメリカ軍の爆撃機《ばくげきき》。高いところを飛ぶことができる

機銃《きじゅう》
機関銃《きかんじゅう》の略《りゃく》。弾《たま》を自動的に込《こ》めながら連続発射《はっしゃ》する銃《じゅう》

空襲警報《くうしゅうけいほう》
敵《てき》の航空機《こうくうき》が近づいてきていることを知らせるサイレン

（事実逃《に》げ遅《おく》れて撃《う》たれた工員が何人もいた。）

なにしろ丘《おか》の中腹《ちゅうふく》の横穴《よこあな》と同じ位の高さから、突《つ》っ込《こ》んでくるグラマンF6Fのパイロットが、見えるのである。

バリッバリッという音と同時に、ビシッビシッと砂《すな》のはじけるのが、横穴《よこあな》の前を走っていく。

松林の中にかくしてあるドラム罐《かん》に流れ弾《だま》が当《あた》ってよく火災《かさい》をおこした。

当然のことながらその煙《けむり》はもちろん、機銃《きじゅう》の音も、わが家の父や母から見聞《けんぶん》できたはずである。

夕方になってどんなぼくが帰ってくると思っていたのだろうか？

しかし、ぼくはあたりまえの顔をして帰宅《きたく》し、父や母も、あたりまえの顔（心中《しんちゅう》はいざしらず）をしてぼくを迎《むか》えた。

そんなことを〈あたりまえ〉にしてしまう戦争とは何なのか。

二人の子供《こども》の父となった今、つくづく考え込《こ》んでしまうのだ。

飛行機の整備《せいび》、これがぼくたちの仕事のはずであった。

そのための数育も海軍の将校《しょうこう》から

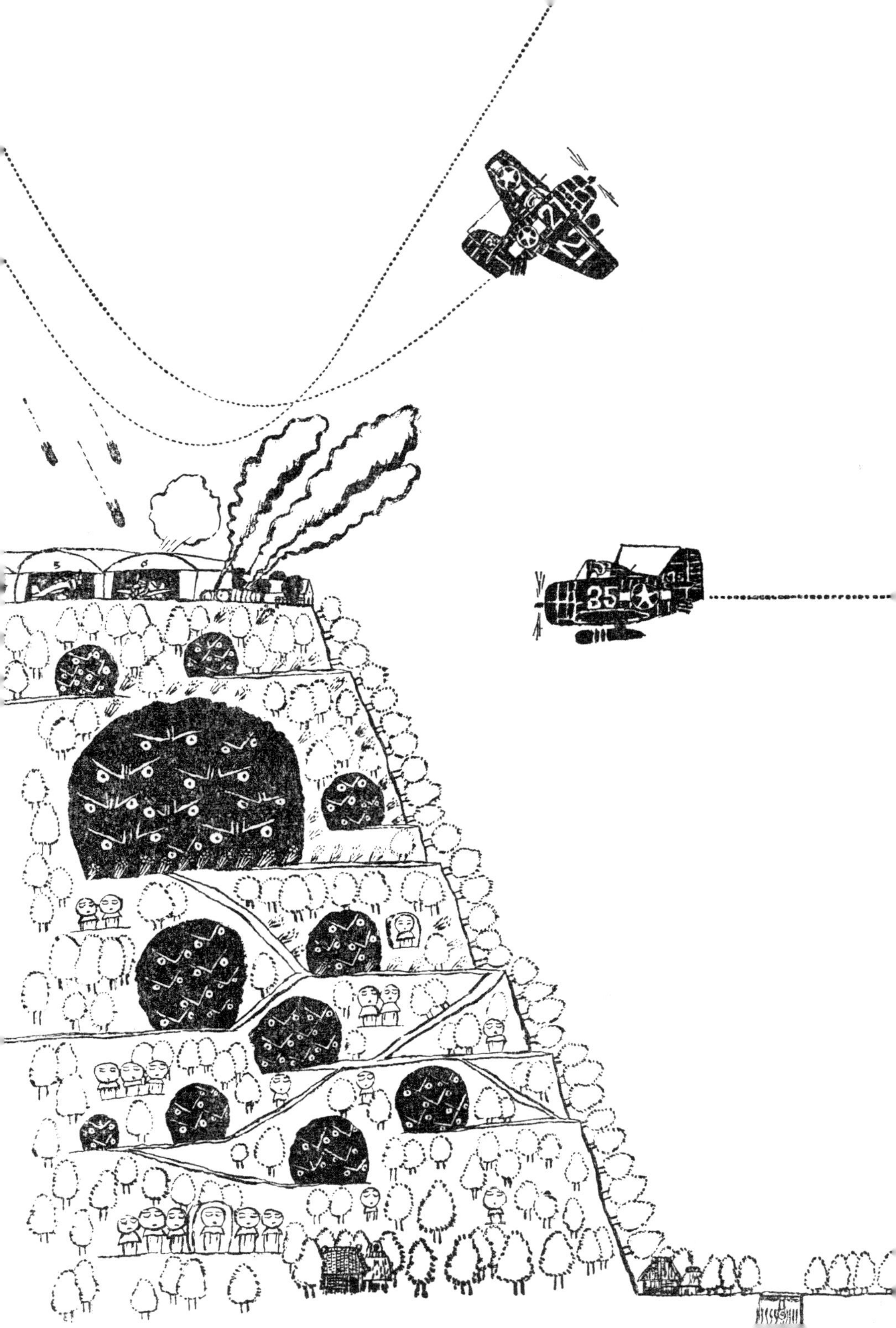
35

少しは受けたが、中学二年の子供《こども》に、整備《せいび》などできようはずもない。だから初めの間は使い走りの毎日だった。

それも卒業《そつぎょう》できないうちに飛行機エンジンの講義《こうぎ》も必要《ひつよう》なくなってきた。

例《れい》の横穴《よこあな》へ入ったり出たりしている間に、整備《せいび》する飛行機もだんだん減《へ》ってきていたのだ。

すると今度は山の中へ分散格納庫《ぶんさんかくのうこ》を作ったり、またそれを壊《こわ》したりの作業が始まった。

作るのはわかるのだが、それをあとからあとから壊《こわ》していくのは今もって理解《りかい》に苦しむ。

だが当時は不思議《ふしぎ》にも思わなかった。今考えると、不思議《ふしぎ》なことばかりだったのだ。

六月の梅雨《つゆ》も終わって初夏の激《はげ》しい太陽が輝《かがや》き始めるとぼくらの仕事は壊《こわ》した分散格納庫《ぶんさんかくのうこ》の釘抜《くぎぬ》きに変わった。炎天《えんてん》のもとでみんな真っ黒

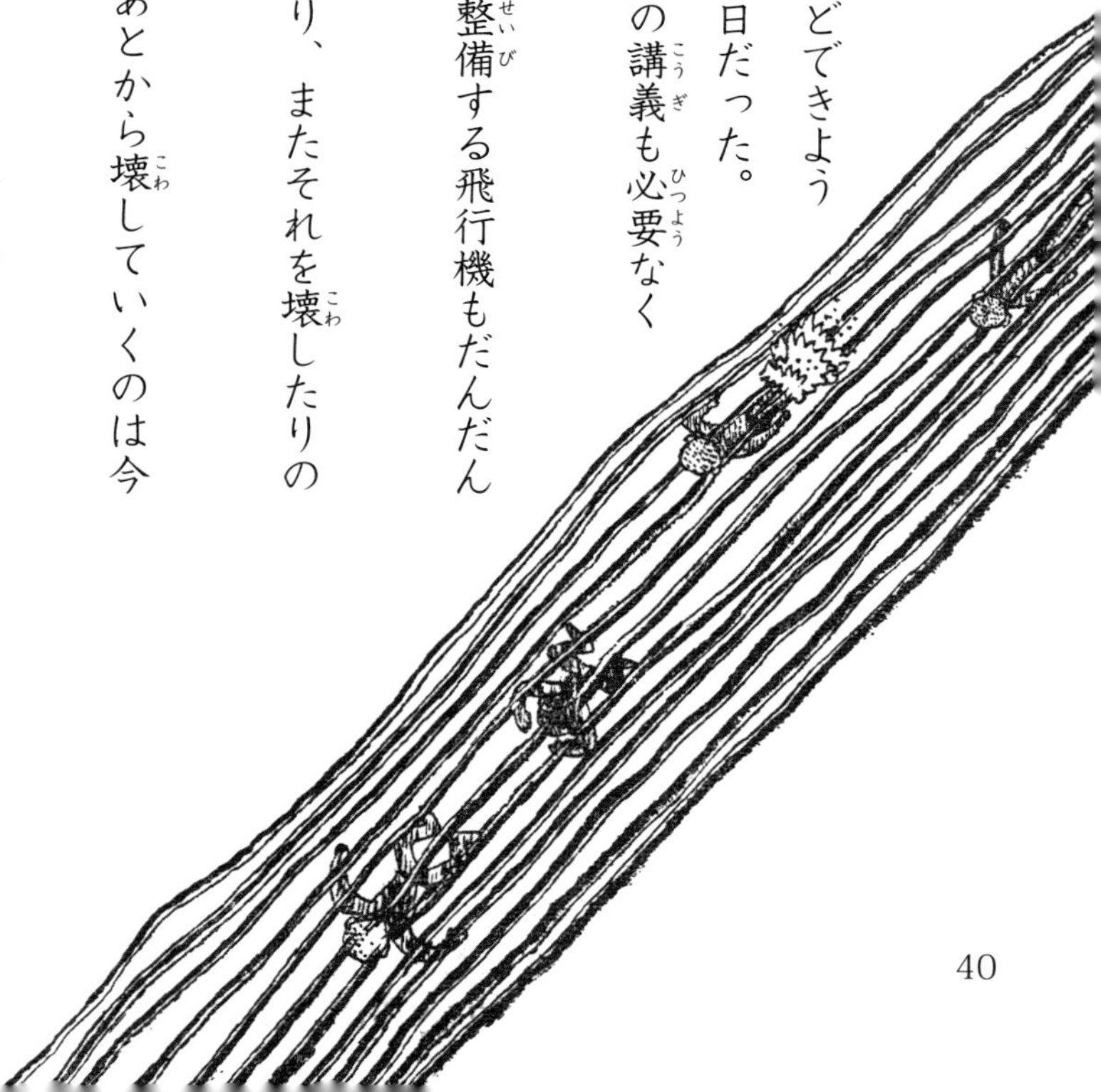

だった。

八月八日ソ連が参戦《さんせん》した。その二日前広島に新型爆弾《しんがたばくだん》が投下されてもまだピンとこなかったぼくも、このソ連の参戦で〝お国のために〟という名の死が近いことを自覚《じかく》した。

そんな頃《ころ》同級生の一人が戦争が終わるかも知れないともらした。それが上級生に知れて彼《かれ》は袋《ふくろ》だたきにあった。

勝利か、玉砕《ぎょくさい》による終戦以外考えられなかった当時のことである。あたりまえのことだった。そのような事件《じけん》があって二、三日たった。

正午に重大ニュースがあるという日。丘《おか》の下を流れている用水路《ようすいろ》でいつものように昼休みを楽しんでいたぼくらは、水禪《すいこん》という水泳用のふんどし一つで近くの農家の庭先に集まった。

その農家は真夏というのにどういうわけか障子《しょうじ》をしめきって、人影《ひとかげ》はもちろん、人の気配すら感じられなかった。

だが留守《るす》でない証拠《しょうこ》にラジオの音が障子《しょうじ》の向こうから聞こえていた。

ソ連
現在《げんざい》のロシア

新型爆弾《しんがたばくだん》
八月六日に広島に投下された原子爆弾《ばくだん》

玉砕《ぎょくさい》
名誉《めいよ》や忠義《ちゅうぎ》のため潔《いさぎよ》く死ぬこと

ジリジリと照りつける大陽の下で、障子越《しょうじご》しに聞く天皇陛下《てんのうへいか》の声は、妙《みょう》に神秘的《しんぴてき》で当時のイメージにピッタリではあったが、内容《ないよう》はまったくわからなかった。

蟬《せみ》の声のみがうるさかった。

敗戦《はいせん》と聞かされても半信半疑《はんしんはんぎ》であったぼくが、はっきりとそれを信ずる気になったのは、その日飛んで来たグラマンが、バリッバリッとやらずに飛び去ったのを見てからだった。

不安はあったけれど不思議《ふしぎ》と悲しくはなかった。

ただ、夜何の気がねもなしに、電気がつけられるということは嬉《うれ》しかった。

それほど毎晩《まいばん》が暗かった。

八月十五日を境《さかい》に夜が明るくなった。

ぼくにはそのことを象徴《しょうちょう》として戦中と戦後がすべて、ネガとポジの関係になっている。

グラマン
アメリカ海軍の戦闘機《せんとうき》。航空母艦《こうくうぼかん》から飛び立って日本中の都市を機関銃《きかんじゅう》で攻撃《こうげき》した

ネガとポジ
写真のネガフィルムとポジフィルム。ネガは、撮《さつ》影《えい》したものの明暗が反転してフィルムに写し出される。逆《ぎゃく》にポジは、撮影《さつえい》したそのままの色と明るさが出る

内容《ないよう》はまったく変わっていないのにネガとポジである。
ネガの不安とポジの不安。
眉間《みけん》に縦《たて》じわをよせた同じ苦悩《くのう》も、ネガとポジである。

まったく変わったようでもその実、少しも変わっていない。
少しも変わっていないようでもその実、ネガとポジのように正反対。

そんな中でぼくが得《え》た最大の収穫《しゅうかく》は、何に対しても本当は何だろう、本物はどれだろうと、疑《うたが》ってみるようになったことだと思う。

戦時の食事

戦争の長期化で食料が不足し、供給量《きょうきゅうりょう》を割《わ》り当てる配給制《せい》が始まりました。

食べ物を得《え》るために発行されたもの

配給切符《きっぷ》
配給品のなかでも、砂糖《さとう》や味噌《みそ》、しょうゆなど決められた物品は、切符《きっぷ》がないと買えない切符制《きっぷせい》となった。

米穀《べいこく》通帳
配給米を買うときに必要な通帳。一世帯あたりの米の配給量が記入されていた。

外食券《けん》
指定の「外食券食堂《けんしょくどう》」で食事ができる券《けん》。米穀《べいこく》通帳と引きかえに得《え》ることができる。自炊《じすい》をしない、外で働く人などが利用した。

食べ物の配給に関するおもな出来事

1939（昭和 14）年	4月	「米穀《べいこく》配給統制法《とうせいほう》」公布《こうふ》。米穀《べいこく》の扱《あつか》いが許可制《きょかせい》に。
	11月	精米《せいまい》の割合《わりあい》を制限《せいげん》する「米穀搗精《べいこくとうせい》等制限《せいげん》令」公布《こうふ》。（白米禁止《きんし》令）
1940（昭和 15）年	5月	節米運動を開始。
	6月	六大都市（東京・大阪・横浜・名古屋・京都・神《こう》戸《べ》）で砂糖《さとう》とマッチの切符制《きっぷせい》を開始。
	10月	農林省令「米穀《べいこく》管理規則《きそく》」公布《こうふ》。
1941（昭和 16）年	1月	食糧統制《しょくりょうとうせい》を担《にな》う食糧《しょくりょう》管理局を設置《せっち》。
	3月	主食や燃料《ねんりょう》などを配給で割《わ》り当てる「生活必需物資統制《ひつじゅぶっしとうせい》令」公布《こうふ》。
	4月	六大都市で米穀《べいこく》が配給制《せい》となり、「米穀《べいこく》通帳」がないと米が買えなくなる。
1942（昭和 17）年	1月	味噌《みそ》が配給制《せい》となる。
	2月	「食糧《しょくりょう》管理法」が定められる。全国で米穀《べいこく》が自由に買えなくなる。

節米運動

太平洋戦争が始まる前、一九三八（昭和十三）年に公布《こうふ》された国民精神総《せいしんそう》動員運動の一環《いっかん》として、一九四〇（昭和十五）年、政府《せいふ》は国民に「節米」を呼《よ》びかけました。現在《げんざい》よりも米が中心の食生活でしたから、食べる量を減《へ》らすのはつらいことでした。

けれど、割り当てられた量しか買えない配給制《せい》になると、節米は必須《ひっす》となります。米は優先的《ゆうせんてき》に軍にまわされるため、戦争が始まり長期化すると、その配給米すら入手困難《こんなん》となりました。節米どころか、食べることに苦労する、ひもじい生活を強《し》いられることになったのです。

節米料理

人びとは米の節約に努めました。どんな工夫《くふう》をして食べていたのでしょうか。

○混食《こんしょく》

麦や小さく切ったサツマイモ、大根などを混《ま》ぜて量を増《ふ》やす。米不足がすすむと、混《ま》ぜ物の方が多くなった。

○水増《みずま》し

おかゆや雑炊《ぞうすい》にして、たくさんあるようにみせる。具は野菜の切れはしなどを少しだけ。水分が増《ふ》えただけなので、お腹《なか》いっぱいにはならなかった。

○代用食

米の代わりのものを主食にする。うどんやふかしたサツマイモなど。サツマイモは茎《くき》や葉もむだにせずに食べた。小麦粉《こ》を練ってだんごにしたものを汁《しる》に入れた「すいとん」もよく食べた。ドングリや海藻《かいそう》など何でも粉《こな》にして、蒸《む》しパンやうどんをつくった。

小さな鬼《おに》たち

灰谷健次郎《はいたにけんじろう》

はっきりおぼえています。

その時、ぼくたちは不思議《ふしぎ》に仲《なか》のよかったことを——。

六年生の次兄《じけい》を先頭《せんとう》に、四年生のぼく、一年生になったばかりの妹、たえず犬ころのように動きまわっている五歳《さい》の弟、それに三歳《さい》の妹、それだけの子どもが、夏の強い日差《ひざ》しの中を、てくてく歩いていました。

ぼくたちは笑《わら》いあったり、歌をうたったり、もし誰《だれ》かがそばで見ていたら、なにかとてもいいことがあるように映《うつ》ったことでしょう。

ぼくたちは楽しそうにしてはいけないのでした。楽しそうにしてはい

けない事情《じじょう》があったのです。

が、ぼくたちは笑《わら》いあっていました。なにかとてもいいことがあるように――

＊

そのころ、ぼくの父と、中学生の長兄《ちょうけい》は瀕死《ひんし》の重傷《じゅうしょう》を受けて病院にいたのです。頭《ず》がい骨《こつ》が陥没《かんぼつ》しかかっていました。左足のかかとがパックリと口をあけ、今にも取れてしまいそうでした。

二人は奇妙《きみょう》にも同じところに傷《きず》を受けていました。

当時、父と兄は三菱神戸造船所《みつびしこうべぞうせんじょ》で働いていました。兄は学徒動員《がくとどういん》でそこにきて、そのまま父といっしょに同じところで働くようになっていました。

岡山に疎開《そかい》していたぼくたちは、二人の仕送《しおく》りでやっと食べることが

学徒動員《がくとどういん》　農村や工場の労働力不足を補《おぎな》うために学生や生徒（学徒《がくと》）を強制的《きょうせいてき》に働かせた

疎開《そかい》　空襲《くうしゅう》からのがれるために、安全な地方の農村などに移《うつ》り住んだり、財産《ざいさん》など大切なものを避難《ひなん》させること

できていたのです。父と兄は生活費《せいかつひ》を切りつめるために、親戚《しんせき》の家に居《い》候《そうろう》をして、そこから通勤《つうきん》していました。そこは鈴蘭台《すずらんだい》といいました。今はもうすっかり開けてしまいましたが、そのころは山の中の小さな町で、神有電車《しんゆうでんしゃ》という、なにかおもちゃのような箱型《はこがた》の車両が、うんうん苦しそうに唸《うな》りながら登ってくるのでした。下るときは、たえずブレーキをかけるので、乗客《じょうきゃく》にはそれが悲鳴《ひめい》のようにきこえました。

　電車はいつも鈴《すず》なりでした。どうにか人間のつかまることのできそうなところには、窓《まど》といい、連結器《れんけつき》の上といい、かならず人がいました。それはちょうど、小さなアメ玉の上に無数のアリがたかっているといったぐあいです。

　ある朝、いつもと同じように電車は発車しました。はじめはゆっくり、そして、じょじょにスピードを増《ま》していき、やがて、あの悲鳴《ひめい》のようなブレーキの音がきこえてくる……

ブレーキの音はきこえてきませんでした。曲《まが》り角《かど》というのに、電車は

鈴《すず》なり
人が一か所に大勢《おおぜい》かたまっていること。果実が神楽鈴《かぐらすず》（小さな鈴《すず》を房《ふさ》のようにたくさんつないだ神楽《かぐら》を舞《ま》うときに使う鈴《すず》）のようにたくさん実を付けるようすに似《に》ていることから

もうれつな勢《いきお》いで走りぬけていきました。

次の駅に近づいたのに、スピードはいっこうに衰《おとろ》えません。駅が見えたと思ったら、あっというまに飛び去っていきました。電車はものすごいスピードで暴走《ぼうそう》をはじめたのです。異常《いじょう》に気づいた乗客《じょうきゃく》は、力をあわせて、手動《しゅどう》ブレーキをまわしましたが、すでに手おくれでした。

電車は気のふれた鳥のようでした。そしてなんということでしょうか。父と兄はその時、連結器《れんけつき》の上にいたのです。

二人は電車から、ふり落とされないように、必死《ひっし》で窓《まど》わくにしがみついていました。途中《とちゅう》で飛び降《お》りる人もあったそうですが、飛び降《お》りた人は全員、即死《そくし》したそうです。

長田《ながた》というところで、電車は脱線転覆《だっせんてんぷく》しました。たいへんな死傷者《ししょうしゃ》が出たことはいうまでもありません。

父と兄は、くぼんだ穴《あな》のようなところで倒《たお》れていたということです。頭の傷《きず》はパンタグラフの落下《らっか》によるものと推定《すいてい》されました。

パンタグラフ
電車が電気を受け入れる装置《そうち》で、屋根の上に設置《せっち》されている父と兄は死亡《しぼう》したものとみなされ、病院に収容《しゅうよう》されるのがおくれました。父が担架《たんか》で運ばれるころ、兄の意識《いしき》がもどりました。ちぎれそうになっている足をひきずって、父の後を追ったといいますから、その時の兄の気持ちはどんなであったことでしょう。

ぼくの父は、今年七十二歳《さい》になります。今でも夜中に、なんともいえぬ恐《おそ》ろしい叫《さけ》び声をあげることがあります。家の者は、またかという顔をしますし、父自身は寝《ね》ていてこぶらがえりをおこすのや、といいますが、ぼくは、電車の脱線転覆事故《だっせんてんぷくじこ》の恐怖《きょうふ》が、今だに父のからだからぬけていないのだと思っています。

この事故《じこ》の報《ほう》が岡山にいる母のもとにもたらされ、母はあたふたと神戸《こうべ》へたっていきました。ありったけのお金をぼくたちにあずけて。（ありったけのお金といっても、それはほんのわずかでした）一週間ほど食いつなぐようにいいおいて――。

こぶらがえり
こむら返り。主にふくらはぎの筋肉《きんにく》が異常《いじょう》に収縮《しゅうしゅく》して痙攣《けいれん》を起こすこと母からあずかったお金を、ぼくはポケットに入れておりました。きょうだいの中ではいちばん慎重《しんちょう》な性格《せいかく》だったので、次兄《じけい》から管理《かんり》をまかされたのです。

ぼくはときどきポケットに手をやって、お札《さつ》のあることをたしかめてはにっこり笑《わら》いました。

お金があるからなんでも買えるというのは今の世の話で、敗戦直後《はいせんちょくご》の日本は、お金はあっても買える品物はほとんどなかったといっていいでしょう。もちろん、途方《とほう》もない大金があれば話はべつですが――。

お札《さつ》に手をやって、にこっと笑《わら》い、父が死ぬかもしれないのに、きょうだいみんなで歌などうたいながら暑い日差《ひざ》しの中をてくてく歩いていたのは、ドンツクという食べ物が、その日買えるからでした。

ドンツクという食べ物をどう説明《せつめい》したらいいでしょうか。

＊

ちょうど、ヨウカンを二つあわせたくらいの大きさで、やはり、ヨウカンと同じように黒い色をしていました。原料は、ヌカ、フスマ（小麦から メリケン粉《こ》をとった後のカス。今は動物の飼料《しりょう》にしている）、トウモロコシの粉《こな》、それにヤシ粉《こ》（なにかのデンプンなのですがよく知りません。ぼくたちはヤシ粉《こ》ヤシ粉《こ》といっていました）、ほんの少し甘《あま》みがありましたから、サッカリンかズルチン（人工甘味料《じんこうかんみりょう》）が、いくらかはいっていたのでしょうか。

ドンツクは一種のふかしパンのようなものでした。

そのころ、ぼくたちは、このドンツクを丸ごと一つ食べるのが夢《ゆめ》でした。一つ、丸々《まるまる》食べることができれば死んでもいいと思ったくらいです。ドンツクは火曜日と金曜日に売り出されました。すぐ売り切れてしまうので、その日は二時間くらい前からいってならぶのです。一人に一つしか売ってくれませんから、三歳《さい》の妹までつれていくというわけです。買ってくると、一つを三等分します。その一つが一食分の食料《しょくりょう》です。

メリケン粉《こ》
小麦粉《こ》のこと

ヤシ粉《こ》
東南アジアに生えるサゴヤシの木の幹《みき》からとるでんぷんで、サゴでん粉《ぷん》とも呼《よ》ばれる食料《しょくりょう》の配給《はいきゅう》はもちろんありました。ジャガイモと大麦、まれに米の配給《はいきゅう》もありました。しかし、なんといっても量《りょう》が足りません。一か月に十三日分の配給《はいきゅう》しかない月もありました。あとの十七日は食べずに暮《く》らせ、ということなんでしょうが、今だったらきっと暴動《ぼうどう》がおこることでしょう。

そんなわけで、ドンツクは貴重《きちょう》な食べ物だったわけです。いくらかでも甘《あま》いということは、子どもにとって、どんなにうれしいことだったでしょうか。ぼくたちがこぼれんばかりの笑《え》みをたたえて、歌なんかうたっていたのは、そんな事情《じじょう》があったのです。

じょうだんじゃない、父と兄が死にかけているのに、食べ物が手にはいるからといって、笑《わら》い顔なんてできるもんか、そんなひどい人間がいるわけないと、憤《ふん》がいする人がいるかもしれません。

そういわれてみると、そのとおりです。そう思う人の方がよりまっとうな人間だと思います。じゃ、ぼくたちはまっとうな人間ではなかった

配給《はいきゅう》
米や味噌《みそ》、砂糖《さとう》などの食べ物や衣類などの物資《ぶっし》が不足したため、世帯《せたい》単位で配られる切符《きっぷ》と引きかえに商品を買うしくみ。十軒《けん》ほどのグループ（隣組《となりぐみ》）にまとめて配給され、当番が各家庭に分けた

のか。そうは思えません。ぼくたちはごくふつうの子どもでした。後からのべますが、ぼくたちきょうだいは、どちらかというと、やさしい思いやりを持っていた方だと思います。

肉親《にくしん》の死を前にして、わずかの食べ物に笑顔《えがお》を持った子どもがいたという事実を、みなさんがどうとらえてもそれは自由《じゆう》です。しかし、その子どもは同時に、ごくふつうの子どもであったという方の事実《じじつ》もいっしょに考えてほしいと思います。

炎天下《えんてんか》をぼくたちは二時間もまって、やっと順番がまわってきました。

「この子と、この子と、この子と、この子とぼく。」

と、兄が店屋のオバチャンに顔見せをして、合計五つのドンツクをもらいました。

お金を払《はら》おうとして、ぼくはドキンとしました。ないのです。

(そんなあほな。)

道々《みちみち》、あれほどたびたびポケットをさぐって、お金のあることをたしかめていたのです。

「そんなあほな！」

ぼくは悲鳴《ひめい》のような声を出しました。さーっと顔の青ざめていくのが自分でよくわかるのです。

いくらさがしてもありません。夏のことです。着ているものといってもしれています。

ない。ないのです。なんせ、ないのです。

その時のことを思い出すと、今でも胸《むね》が痛《いた》くなります。

ぼくたちは結局《けっきょく》、オバチャンに、その五つのドンツクを返しました。いちばん先に、三歳《さい》の妹が泣《な》き出しました。オバチャンにドンツクを返すのを見て泣《な》き出したのです。五歳《さい》の弟も、一年生の妹も泣《な》きました。あたりまえです。泣《な》いてあたりまえです。一つ、丸々《まるまる》食べることができれば死んだっていいと思っていたドンツクが消《き》えていったのですから。

ぼくは兄になぐられると思いました。兄はそれでなくとも腕《うで》っぷしが強いのです。ぼくは胸《むね》の中が火のようにあつくなっていくのを感じました。あついものはのどの方にこみあげてきて、今にも破裂《はれつ》しそうです。

(はよなぐってくれ、はよなぐってくれ。)

ぼくは心の中で叫《さけ》びました。

(なんぼでもなぐってくれ。死ぬほどなぐってくれ!)

兄は、きゅうと口を一文字《いちもんじ》に結びました。それから、下の子の頭をなでて、半分泣《な》き声でいうのです。

「早苗《さなえ》ちゃん。おにいちゃんが家へかえって、なんか食べるもんこしらえたる。な、な、泣《な》くな、なな、な。」

かえり道、なんと悲しかったことでしょう。道という道がみんな白くぼやけて見えました。失《うしな》ったお金は、きょうのドンツクを買う分だけではないのです。みんなです。母からあずかったお金のすべてをなくしてしまったのです。

家へかえって、兄は約束《やくそく》どおり大麦を炒《い》って妹に食べさせました。小さい妹はそれだけで笑顔《えがお》をとりもどしましたが、そんなことをして減《へ》らした分は、たちまちみんなの負担《ふたん》になります。

ぼくたちは、米びつの底にちょろちょろとある大麦をきれいに六等分していました。その一つ分をおかまで炊《た》いて、三分の二を夕飯《ゆうはん》に、残りの三分の一には水をたして、お粥《かゆ》にして朝食べていたのです。

ぼくたちはいつも腹《はら》がへっていました。考えることといったら、食べ物のことばかりでした。

でも、その時、妹の笑顔《えがお》を見て兄がほっとした顔になったのを、ぼくは今でもありありと思い浮《う》かべることができます。

＊

「遊んどきよ。」

ぼくたちは、朝学校にいく時、五歳《さい》の弟にそういって出かけました。

五歳《さい》の弟は、三歳《さい》の妹のめんどうを、ぼくたちがかえってくるまでみているのです。

なかなかじょうずに遊んでやっていたように思います。

向かいの原さんという人のところへ、母から速達《そくたつ》がきました。原さんがその手紙を持ってきた時、さすがにぼくはドキンとしました。

「よかったなあ。」

と、原さんはいいました。

「おとうさんも吉男《よしお》さんも、助かりはったそうや。」

原さんも神戸《こうべ》から疎開《そかい》してきた人でした。

不思議《ふしぎ》なことですが、その時、ああ、よかった、と思った記憶《きおく》がありません。

(あほかァ。そんなん死ぬはずあらへんやんか。)

そう思っていたのでしょうか。そう思うのが子どもというものでしょうか。

五日たちました。いちおう一週間くらいといわれていたので、もう二日がんばればいいのです。麦は残《のこ》り少なくなってきました。兄は二日分の麦をいっぺんに炊《た》いてしまいました。そのまま食べていては足らなくなるので、朝ばんともお粥《かゆ》にしようとしたわけです。ドンツクが買えなくなっていたので、昼めしはぬきです。

炊《た》いた麦をおひつに移《うつ》して、また、きれいに六等分しました。ま、なんとかやっていける。

ぼくたちは安心して学校にいきました。その日は学校が昼まででした。ぼくはカバンをガタガタいわせて、勝手口《かってぐち》から家にはいりました。

弟と妹がおひつをまん中にして、向きあうようにしてすわっています。口のまわりに麦粒《むぎつぶ》がいっぱいついています。

「なにすんねん！」

ぼくは思わず大声をあげて、おひつをひったくりました。なんということでしょう。おひつをさかさまにしても、一粒《つぶ》の麦も落ちてこないの

おひつ
ご飯を入れておく木製《もくせい》の器《うつわ》。円形やだ円形で、ふたがある

です。

「どないしてくれんねん。このあほう！」

弟は、おびえたような顔をしました。

「しらんぞ。にいちゃんがかえってきたら、どつかれるぞ。どたま、めがれて（こわされて）まうぞ。」

ぼくは、カラのおひつを思いきり弟にぶっつけました。弟と妹はものすごい声をあげて泣《な》きだしました。

「泣《な》きさらしたって、ごはんがもとにもどるんか。あほんだら。死にさらせ！」

ぼくはあくたいのかぎりをつきました。

今考えると、恥《は》ずかしくてしかたがありません。自分がお金を落としたことはタナに上げて、空腹《くうふく》にたえかねて麦粒《むぎつぶ》を食った弟をせめているのです。それも、自分の分がなくなったという怒《いか》りを丸出しにして、小さな弟や妹をののしっているのです。なんという人間でしょう。あさましいーーと思います。

そのうち、兄がかえってきました。事情《じじょう》がわかると、兄はぽっつりいいました。

「もう、かんにんしたれ。」

兄がそういっているのに、ぼくはまだ、いいつのったのです。

「ぼくらの食うもんあれへんやないか。」

「しゃーないやないか。」

兄ははじめてこわい顔をして、ぼくをにらみつけました。

その晩《ばん》は、原さんがわけてくれたジャガイモをゆでて夕飯《ゆうはん》にしました。まだ青い親指くらいのジャガイモでした。原さんとて、なんの食べ物があるわけではないのです。庭《にわ》に植《う》えてあるジャガイモをひっこぬいて、ぼくたちにくれたのです。もう少し、土の中においてやれば大きくなるはずのイモを、ぼくたちのためにおしげもなくひっこぬいてくれたのです。

小さなジャガイモは、えぐいものです。ジャガイモをたべてヒイヒイいったのは、そのときくらいのものでしょう。

次の日、ぼくたちはフラフラで学校にいきました。お昼ごろ、目がかすんで立っておれなくなりました。家にかえるなり、ひっくりかえってしまいました。

今なら一食や二食ぬいたって平気ですが、そのころは慢性《まんせい》の栄養失調《えいようしっちょう》状態《じょうたい》ですから、一食でもぬくと、ひどくこたえるのです。

下の妹が、なにか食べたいと泣《な》きましたが、どうすることもできません。

よく日、兄もぼくも立つことができなくなりました。一家全滅《ぜんめつ》です。

妹はいつまでも、ひよひよ泣《な》いていましたが、そのうち泣《な》き声もきこえなくなりました。目ばかり光らせて、ときどき口をパクパクあけるのです。みんな、くさったマグロのようにころがって、荒《あら》い息《いき》をついていました。

なんどもなんども、のどがカラカラになりました。そのたびに唾《つば》をの

小さなジャガイモは、えぐい
未成熟《みせいじゅく》の小さなジャガイモは、緑色の部分などにソラニンやチャコニンという食中毒《しょくちゅうどく》の原因《げんいん》となる成《せい》分《ぶん》をふくんでいて、苦味やえぐ味がある

みこむのですが、そうすると、なにかしぼるような苦痛《くつう》がおそって、いっしゅん、目の前がぼうとするのです。

日が暮《く》れました。

遠くで、声がしました。兄がなにかしゃべっています。

「なに。」

ねむりそうになる自分をはげまして、兄のそばにいきました。

「ナンバ、トロボーにいこか。学校の裏《うら》に植《う》えてあるやろ。」

トウモロコシのことを、ぼくたちはナンバといっていました。

「いこ。」

ぼくは、ちゅうちょせずにこたえました。本能《ほんのう》というものはすごいものです。食べ物が手にはいるとなると、よろけながらでも立てるのです。闇夜《やみよ》だったらいいのに、その日にかぎって青い青い月夜なのでした。

「こわいなあ。」

ぼくは、ぼそっとつぶやきました。

職員室《しょくいんしつ》の裏《うら》へまわって、音のしないようにトウモロコシを茎《くき》からはがすのですが、あんなこわいめにあったことはありません。どんな理由があっても、平気でドロボーはできないものです。

盗《ぬす》んだトウモロコシは、家に持ってかえって、すぐに焼《や》きました。しょうゆがないので、塩を水にとかしてぬりました。トウモロコシを焼《や》いているあいだ、二人ともおもしろいように手足がふるえて、どうかしてそれを止《と》めようとするのですが、どうにも止《と》まらなく、思わず顔を見あわせたことを、きのうのことのようにおぼえています。

トウモロコシは、みんなでわけて食べました。人間は飢《う》えると、どうしてあんなに目が光るのでしょうか。

五歳《さい》の弟も三歳《さい》の妹も、ギョロギョロ目を光らせて、トウモロコシにかぶりついていました。それは、小さな鬼《おに》でありました。

敗戦《はいせん》からひと月もたたないころの出来事《できごと》です。ぼくたちの戦争《せんそう》は、それからも、長く長くつづいたのでした。

＊

今、母も長兄《ちょうけい》もこの世にいません。

母は、ぼくたちに食べさせるために、そのためだけに生まれてきたのではないかと、ふと、ぼくは思うことがあります。もちろん、そうではないでしょうが、子どものぼくにはそう映《うつ》るのです。

兄もまた、短い生涯《しょうがい》を、母と似《に》た形で終えました。

ぼくに一冊《さつ》の詩集があります。その中に、次のような一節があります。

もの思いに沈《しず》んだ顔つきで
兎《うさぎ》は死んでいた
喧噪《けんそう》な鉄の音が
きこえてくると

喧騒《けんそう》　やかましい、さわがしいこと

兄は言ったものだ
おれのために
いちどだけ
旅《たび》をしてみたいもんだな
おれのためにと

兎《うさぎ》のむくろに風がふいた
兎《うさぎ》ば昂然《こうぜん》と死んでいた

おれのために旅《たび》のできなかった人たちは、今、どこにいるのでしょうか。

昂然《こうぜん》と 自信に満ちて誇《ほこ》らしげなようす

逃《に》げかくれの実記

筒井敬介《つついけいすけ》

東京に大空襲《だいくうしゅう》が始まる昭和十九年冬までは、ぼくもまだ仕事を通しても、戦争《せんそう》に協力すまいという気分と姿勢《しせい》をもち得《え》たと思う。

しかし、二十年春以後は、それがべたべたと崩《くず》れ去って、ただ現実《げんじつ》をどうかわすか逃《に》げるか、という恥《はじ》も外聞《がいぶん》もない毎日になってしまったのが自分にもよく分かった。

それはじゅうたん爆撃《ばくげき》が始まって、四歳《さい》の長男と、二歳《さい》の次男を日夜何べんとなく、防空壕《ぼうくうごう》に出し入れする作業が始まってからである。

今でもぼくは、映画《えいが》やテレビで、野鳥が仔《こ》たちに、せっせと餌《えさ》を運ぶ

じゅうたん爆撃《ばくげき》
絨緞《じゅうたん》を敷《し》きつめたようにすきまなく地域《ちいき》一帯に無差別に爆弾《ばくだん》を落とす爆撃《ばくげき》

防空壕《ぼうくうごう》
崖《がけ》や斜面《しゃめん》をほるなどして作られた、爆撃《ばくげき》から避難《ひなん》するための穴《あな》や建物

シーンなどみるのが好きではない。戦争中の自分とだぶって、どうにも涙《なみだ》ぐむほどセンチメンタルになるのだ。

何とか子どもを殺《ころ》したくない。もちろんその中には自分も死んではならないと思う、ただそれだけの毎日になってしまった。

住んでいた家も焼かれ、それ以前に父母たちのいた生家も焼かれて、ぼくらは、成城学園《せいじょうがくえん》と谷をへだてた祖師ヶ谷大蔵《そしがやおおくら》に越《こ》した。この家は成《せい》城学園教諭《じょうがくえんきょうゆ》で、「潮村少年記《うしおむらしょうねんき》」のような少年小説をかいていた山田浩《やまだひろし》氏が、結核療養《けっかくりょうよう》と疎開《そかい》のため島根へ帰ったあとの空家だった。ここでぼくは戦《せん》災疎開者《さいそかいしゃ》北海道開拓《かいたく》協会という組織《そしき》が新《あた》らしくできて、開拓農民《かいたくのうみん》を「拓《たく》北農兵隊《ほくのうへいたい》」として求めているのを新聞で知った。

当時ぼくをおびやかすものは、まず警察《けいさつ》（特高《とっこう》）であったが、あちらも人手不足になったのか、それまで毎月訪問《ほうもん》されたのが十八年以後は半年に一度位も訪《たず》ねてこなくなっていたから、これはまず安心だった。

つぎにこわいのは召集《しょうしゅう》であった。ぼくが兵隊にとられたら、家族は、

疎開《そかい》
空襲《くうしゅう》からのがれるために、安全な地方の農村などに移《うつ》り住んだり、財産《ざいさん》など大切なものを避難《ひなん》させること

開拓農民《かいたくのうみん》
耕作《こうさく》されていない土地に農用地や道路などをつくり、そこに移住《いじゅう》して農業を行う人

特高《とっこう》
特別高等警察《とくべつこうとうけいさつ》の略称《りゃくしょう》で、当時の天皇制政府《てんのうせいせいふ》に反対する思想や言論《げんろん》、行動を取り締《し》まっていた

召集《しょうしゅう》
軍人や兵を軍隊に呼《よ》び集めること

全く収入《しゅうにゅう》を失ってしまう。ところがこの召集《しょうしゅう》が四月に来たのだった。これは新手《あらて》な召集《しょうしゅう》で、警戒警報《けいかいけいほう》（空襲《くうしゅう》）が発令になると同時に軍服になって、警報解除《けいほうかいじょ》になればすぐ市民に戻《もど》る防衛召集《ぼうえいしょうしゅう》という代物《しろもの》だった。もちろん武器《ぶき》は何ももたされない。爆弾《ばくだん》で穴《あな》のあいた近くの道路を埋《う》めたり、死傷者《ししょうしゃ》の取り片《かた》づけが仕事で、今でいえばパートタイム兵隊といったものだった。しかし、これにつかまると、肝心《かんじん》の空襲中《くうしゅうちゅう》、自宅《じたく》にいられない。子どもたちを防空壕《ぼうくうごう》に出し入れもできないし、防火《ぼうか》活動もできない。目黒《めぐろ》の自宅《じたく》が焼けて、世田谷《せたがや》へ越《こ》したとき、地域《ちいき》が変わったので、召集《しょうしゅう》解除《かいじょ》になるかと思ったが、東京中どこへ行こうとその地区の防衛官《ぼうえいかん》に配《はい》属《ぞく》されるということで、がっくりしていた。

そんなこんなが理由で、ぼくは早速《さっそく》丸ビルの戦災疎開者北海道協会《せんさいそかいしゃほっかいどうきょうかい》へ行って、知人など誰《だれ》一人もいない北海道行きを志願《しがん》した。

もちろんその協会の実体《じったい》を察《さっ》しないほど初心《うぶ》ではなかったのだ。

もう東京へ入る線路も航路《こうろ》も空襲《くうしゅう》でずたずたにやられていて、生き残

警戒警報《けいかいけいほう》 爆撃機《ばくげきき》が来るおそれがあるときに鳴らされるサイレン。敵《てき》が近づいていることをしらせる空襲警報《くうしゅうけいほう》とは、ちがう音で伝えられた。警戒警報《けいかいけいほう》が鳴ると明かりが外にもれないように黒い布《ぬの》や厚紙《あつがみ》をかぶせ、空襲警報《くうしゅうけいほう》が鳴ると明かりを完全に消し、防空壕《ごう》に避難《ひなん》した

りの市民に配給する食料を政府《せいふ》は確保《かくほ》することができなくなっていた。働く場所もない。ほおっておけば暴動《ぼうどう》が起きるかもしれない。そこでともかく広い北海道へ東京のだぶついた人間を押《お》しつけてしまえということにちがいなかった。それ以前にブラジル移民《いみん》に対して棄民《きみん》という言葉があったが、まさしくぼくたちは棄《す》てられにいくのであった。ぼくはともかく東京からのがれられる、北海道なら食料《しょくりょう》もまだある、それに敗戦時にはソビエトの空挺隊《くうていたい》が入り北海道は独立《どくりつ》するといった噂《うわさ》も、ぼくに決心させる力になった訳《わけ》だった。あとになって思えば、この考えなど何と現実《げんじつ》ばなれしていただろうか。

こうして二十七歳《さい》のぼくは二人の子どもと妻《つま》をつれて、「拓北農兵《たくほくのうへい》隊《たい》」の一員として北海道へ生《う》まれて始めて渡《わた》ったのだ。畑や鍬《くわ》は見たことがあっても手にしたこともないぼくが、である。

その拓北農兵隊《たくほくのうへいたい》当時の日記を書きうつしていこう。ほとんど原文のままであるが、今の読者を考え、仮名《かな》づかいは改めた。

配給
米や味噌《みそ》、砂糖《さとう》などの食べ物や衣類などの物資《ぶっし》が不足したため、世帯《せたい》単位で配られる切符《きっぷ》と引きかえに商品を買うしくみ。十軒《けん》ほどのグループ（隣組《となりぐみ》）にまとめて配給され、当番が各家庭に分けた

空挺隊《くうていたい》
パラシュートでおりて敵《てき》地《ち》を占領《せんりょう》するため、特別に訓練された部隊

〈S家というのは、ぼくらが農業見習《みならい》のためにお世話になった家である。このS家の、小さな灯《あか》りとりのガラス窓《まど》一つしかない十畳敷《じょうじ》きの物置《ものおき》小屋が、ぼくという農業見習《みならい》者に与《あた》えられた住居《じゅうきょ》だった。小屋といってもS家のおじいさんが屯田兵《とんでんへい》当時に使ったという、厚《あつ》さ五センチほどの板で囲《かこ》まれた頑丈《がんじょう》なもので、買い溜《だ》めの肥料《ひりょう》の谷間に、む、し、ろ、を二十枚《まい》ほど畳《たたみ》がわりに敷《し》いてくれた。〉

七月三十一日

今朝五時半Sさん宅《たく》に女児《じょじ》出生。

麦《むぎ》一升《しょう》五合《ごう》わけてもらう。米は明日配給とて一粒《つぶ》もなし。麦の雑炊《ぞうすい》はちっとも増《ふ》えない。澱粉《でんぷん》をジャガイモとすりつぶして団子《だんご》にし、雑炊《ぞうすい》に投入す。舌《した》ざわりよく、すこぶる美味《びみ》。調味料《ちょうみりょう》も払底《ふってい》のため塩と牛の脂《あぶら》で味をつく。午前後とも中長（チュウナガー豆）の除草《じょそう》。腰痛《こしいた》し。わず

屯田兵《とんでんへい》
明治時代《めいじじだい》に北海道の警《けい》備《び》と開拓《かいたく》にあたった兵士《へいし》とその部隊

払底《ふってい》
すっかりなくなること

か二列少々《しょうしょう》しか出来ぬ。もっとも一列に二千本はあるとのこと。
この所晴天つづき。やや夏らしくなったがシャツ冬物一枚《まい》に毛糸のチョッキを着ている。S氏は馬車に弁当《べんとう》持ちで川向《むこ》うへソバまき。子供《こども》たちは大いに畑仕事を怠《なま》けている。夕方、今日は土用《どよう》の丑《うし》の日なりとおじいさんから大ざるに山盛《やまも》り、手製《てせい》のソバをもらう。よく肥《こ》えたミミズほどの太さなり。醤油《しょうゆ》一滴《いってき》もないので味噌《みそ》を入れてあったおはちを湯でゆすいで汁《しる》を作り喰《く》う。美味《びみ》なるかな。ソバをこんなにうまいと思ったこと稀有《けう》なり。醤油《しょうゆ》をしぼったあとの豆と麦《むぎ》をもらう。これも珍味《ちんみ》。あまり喰《く》うと胸《むね》がやけると注意あり。風強し。

八月二日
きのうの北海道新聞社説「本道の食料事情《じじょう》について」――凶作《きょうさく》なりと。まるで一週間まえまでブドリの冷害《れいがい》の言葉をそのまま思い出すほどの寒さ。それとこれほど広大な耕作地《こうさくち》（見たところにせよ）のある北海道が

土用《どよう》の丑《うし》の日
季節の変わり目である立春、立夏、立秋、立冬の直前の十八日間を土用《どよう》といい、そのうち、日にちを十二支《し》であらわした丑《うし》にあたる日のこと。その日に蕎麦《そば》を食べると暑気あたりを防《ふせ》ぐことができるといわれる

ブドリの冷害《れいがい》
宮沢《みやざわ》賢治《けんじ》の童話「グスコーブドリの伝記」には冷害の苦労が書かれている

食料《しょくりょう》の移入《いにゅう》なしにやっていけないとは妙《みょう》な気がした。

午前ネギ除草《じょそう》。午後も。夜、妻と海彦《うみひこ》（長男）が入浴《にゅうよく》させてもらう。小生《しょうせい》、約一ヶ月入浴《にゅうよく》せず。Ｓ氏宅《たく》へ出産祝《しゅっさんいわい》にサラシと帯《おび》シン、他に金十円也呈上《えんなりていじょう》する。かたく辞退《じたい》するのを無理に置いて来る。夜、(配給の) 澱粉《でんぷん》三升《じょう》を、ソバ粉《こ》二升《しょう》メリケン粉《こ》一升《しょう》と交換《こうかん》（土地の言葉でバクる）してもらう。海彦《うみひこ》、四時から昼寝《ひるね》し九時半に起き、夕食。油（灯し油《ともしあぶら》）がいって仕方がない。あかりがついている間、川端《かわばた》の評論集《ひょうろんしゅう》をひろいよみする。井戸端《いどばた》にといで置いておいた米を、ひっくりかえしてしまったと、Ｓ家のアンちゃん謝《あや》まりに来る。タバコ配給きざみ（みのり）三箱。今日より一日三本の割《わり》なり。

八月三日

午後から衣料切符申請《きっぷしんせい》に町へいくつもりだったが、Ｓ氏が役場へいくと云《い》うので托《たく》す。午前、Ｈ氏（隊員）に印《いん》をとどけにいき麦畑《むぎばたけ》の横

小生《しょうせい》
男性が自分《だんせい》をへりくだっていう言葉

灯し油《ともしあぶら》
木の枠《わく》に紙を貼《は》った中に皿などを置いて灯《ひ》をともす照明器具《しょうめいきぐ》（行灯《あんどん》）でつかう油

衣料切符《きっぷ》
衣服を買う権利《けんり》を点数制の切符《きっぷ》にしたもの。各家庭に切符《きっぷ》が配布《はいふ》された。品物によって点数が決められ、手持ちの点数分しか買うことができない

で立話《たちばなし》してからネギ除草《じょそう》、暑し。風があるので汗《あせ》は流れず。四時頃《ごろ》、S氏かえり衣料切符《きっぷ》千点（戦災者用《せんさいしゃよう》）交付さる。S氏に二百五十点呈上《ていじょう》する。大人五十点、子供《こども》四十点のこの土地では大喜《おおよろこ》びなり。お産後はじめて奥《おく》さんに会う。S氏さっそくその切符《きっぷ》を持って呉服屋《ごふくや》が野幌《のっぽろ》に疎《そ》開《かい》してあるという丹前《たんぜん》をさがしにいく。

飛行場使役《しえき》の半島人（朝鮮人《ちょうせんじん》）軍属逃亡《ぐんぞくとうぼう》せりと週番腕章《わんしょう》をつけた監督《かんとく》らしき人物、自転車《じてんしゃ》でさがしに来る。ここへ来て二回目なり。新聞来《きた》らず。ツンボの半島人配達員が汽車にひかれて死んだためなり。ここでは郵便《ゆうびん》で新聞が配達される。夜、H氏宅《たく》へいきソバがきを喰《く》い風呂《ふろ》に入る。湯舟《ゆぶね》に一度浸《つか》って出ただけだが、風もない夜景にうっとりする。ノミあばれまわる。

八月四日

今朝十時から日映《にちえい》？ニュースの撮影《さつえい》あるとの連絡《れんらく》があったが、行かず。

丹前《たんぜん》
綿《わた》を入れた防寒《ぼうかん》用の和服の上着。どてらとも呼《よ》ぶ

使役《しえき》
人を使って働かせること。ここでは、飛行場で働かされている人のこと

半島人
朝鮮《ちょうせん》半島に住む人や出身の人、朝鮮民族《ちょうせんみんぞく》。差別的《さべってき》な意味合いで使われることもある言葉

軍属《ぐんぞく》
軍人以外で軍のために働く民間人

ツンボ
耳の不自由な人。差別用語で現在《げんざい》はほとんど使われない言葉

久《ひさ》しぶりにカメラなど眺《なが》め撮影現場《さつえいげんば》の空気をなつかしく思ったりするのが恐《おそ》ろしいからでもある。

Ｓ氏より丹前《たんぜん》の見本見せられる。二着百五十円から二百円までなら買ってほしいと托《たく》す。午前、ネギ除草中《じょそうちゅう》Ｓ宅《たく》のおじいさん来《き》たり、御苦労《ごくろう》さんと大満悦《まんえつ》なり。作物をいじっていれば誰《だれ》でも気に入る素直《すなお》な農民の心に出会う。

新聞来《きた》る。Ｂ29六百機川崎鶴見来襲《かわさきつるみらいしゅう》、爆弾《ばくだん》のみと。尾山台《おやまだい》（父や母の移転先《いてんさき》）どうしたか。

飛行場方面にしきりとエンジン音と砂《すな》けむり。木製機《もくせいき》の試験飛行か、エンジン音が他の飛行機と違《ちが》う。明日ははじめて配給《はいきゅう》当番にあたる。Ｉ氏と手分けして通帳《つうちょう》を集めに歩く。Ｎ氏からリヤカーを借りて来る。夜八時ごろ不在《ふざい》だったＨ氏宅《たく》へ再《ふたた》び通帳《つうちょう》をとりに行き歓談《かんだん》す。新ジャガのふかしたのをみやげに貰《もら》う。

雲と雨が出て真暗《まっくら》な原野を約一時間歩く。風でとべない螢《ほたる》がたくさん

日映《にちえい》
日本映画社《にっぽんえいがしゃ》。戦時中は政《せい》府《ふ》の意向を受けたニュース映画《えいが》、国策宣伝映画《こくさくせんでんえいが》、記録映画《えいが》を作っていた

配給当番
生活物資《ぶっし》は隣組《となりぐみ》にまとめて配給されたので、それを分ける仕事が当番制《せい》で行われた。少ない物資《ぶっし》を公平に分けなければならないので気をつかい、たいへんな仕事だった

通帳《つうちょう》
世帯の人数や氏名、割《わ》り当て量などが書かれた通《つう》帳《ちょう》が発行され、それがなければ米穀類《べいこくるい》の配給を受けられなかった

畦《あぜ》の両側の草にとまっている。ポランの広場——つめ草の花を思う。丹《たん》前《ぜん》二着S氏より入手。二百点、一着百円。

八月五日

本日配給《はいきゅう》当番。朝六時冷飯《ひやめし》をくってI氏とリヤカーをひっぱって町に出る。途中《とちゅう》で運よくWさんの牛乳車《ぎゅうにゅうしゃ》にのせてもらったので、着いたら早すぎた。待つ間に町で海彦《うみひこ》とS家のM子ちゃんに虫とり網《あみ》、その上の子供《こども》に彫刻刀《ちょうこくとう》を買う。呉服店《ごふくてん》では人絹《じんけん》のマフラー二枚《まい》、子供《こども》の手袋《てぶくろ》二つ、スキー帽《ぼう》、鳥打帽《とりうちぼう》など買う。全部で点数六十点、九円なにがし、安いのに驚《おどろ》く。肉屋はきのうまで自由販売《はんばい》があったが今日はない、四五日中にやると。豆腐屋《とうふや》はどうしても豆をもってこなければ駄目《だめ》と。トコロ天ならいくらでもやるそう。苦笑《くしょう》す。

配給《はいきゅう》会社の倉庫《そうこ》で身欠《みがき》ニシンの十貫俵《かんだわら》(約四十キロ骨《ほね》つき)二俵《ひょう》と十五貫俵《かんだわら》(骨《ほね》なし)一俵渡《ぴょうわた》される。三百二十三円なにがし。一軒《けん》に一貫《かん》

ポランの広場
宮沢賢治《みやざわけんじ》の童話の題名

人絹《じんけん》(人造絹糸《じんぞうけんし》)
絹糸《きぬいと》に似《に》せた光沢《こうたく》のある人工的に作った合成繊維《せんい》。レーヨンの一種

鳥打帽《とりうちぼう》
前びさしのついた丸く平たい帽子《ぼうし》。ハンチング帽《ぼう》

身欠《みがき》ニシン
ニシンの干物《ひもの》。北海道はニシン漁で栄えていた

目《め》のつもりで来たのが、一人一貫目《かんめ》とはあきれかえるし、果《はた》してリヤカーにつんでかえれるか首をかしげる。金も二人合わせてやっと間に合う。かえりは汗《あせ》だく。休憩《きゅうけい》三回で一時間半かかり、やっとひっぱって来る。午後から秤《はかり》を借りて配給《はいきゅう》す。身体じゅうニシンくさく、手はべとつく。五時すぎ一段落《いちだんらく》する。わが家の四貫目《かんめ》を、どうしようかと戸口《とぐち》に積んでおいた所へ、本家のＳ氏来《き》たり一貫目《かんめ》だけわけてくれ、秋になったら玉ネギでかえすと持っていく。風なく、やや夏の夜らしく蚊《か》が出た。

八月六日

朝、中長《ちゅうなが》一升《しょう》もらう。自慢《じまん》の品だけあって塩ゆでにしてもうまし。ひるに蒸《む》しパンに入れる。前庭で保健婦来《ほけんふきた》り血液型検査《けつえきがたけんさ》。

きのうニシンを計るために持って来たおじいさんの秤《はかり》の分銅《ふんどう》を夕方海彦《うみひこ》がなくす。暗くなるし、子供《こども》の云《い》うこととて、どこへ投げたか分《わか》らず、困却《こんきゃく》。とりあえずおじいさんに謝《あやま》りにやる。

貫《かん》　重さの単位。一貫《かん》は、三・七五キログラム

〈ここにはかいてないが――かけなかったのだろうが、ぼくはこの秤《はかり》の分銅紛失事件《ふんどうふんしつじけん》でヒステリックに逆上《ぎゃくじょう》して、わずか四歳《さい》の長男を、十も二十も息がとまるほどなぐりつけたのだ。弁償《べんしょう》するにしても洗濯板《せんたくいた》一枚《まい》も自由にならない今の状態《じょうたい》なのに、分銅《ふんどう》のような特殊《とくしゅ》なものは、どこでどうすればいいのか、という気持。それよりも、S家の人たちの不興《ふきょう》をかい、もし物置《ものおき》小屋から追い出されでもしたら、野たれ死にではないか。このことは毎日が袋小路《ふくろこうじ》の中をうろうろするような心理状態《じょうたい》だったことの説明にはなるが、今だにぼくの長男への負《お》い目《め》といえば、この一事である。〉

八月十日

先日身欠《みがき》ニシン配給《はいきゅう》のとき右手に骨《ほね》をさしたのが化膿《かのう》し切開《せっかい》していたので、畑に遅《おく》れて行く。親指《おやゆび》にも傷《きず》あり、きのう畑で鍬《くわ》を研《みが》いた折のもの。午前、中長除草《ちゅうながじょそう》四列。ヒル休みにやっと新聞来《き》たる。

ソ連《れん》に関しての吾《わ》が方の意志表示《いしひょうじ》、どこにもなし。底流《ていりゅう》として相当の混乱《こんらん》があるのではないか。新型爆弾《しんがたばくだん》の記事中、熱線とはどんなものか。ともかく凄《すご》いものらしい。去年の今ごろ行った広島の町が目に浮《うか》ぶ。ごみごみした歓楽街《かんらくがい》、城下町らしい水の町。ビールが浴《あ》びるほどあった。そして羽田別荘《べっそう》の老妓《ろうぎ》。午後も中長除草《ちゅうながじょそう》四列、腰《こし》の痛《いた》さ、やや馴《な》れる。夕食は配給のモチ米に小豆《あずき》を入れ圧力釜《あつりょくがま》を借りて盛大《せいだい》に赤飯《せきはん》を炊《た》く。何もめでたいことはないのだが、うましうましと五杯《はい》平均《へいきん》喰《く》う。山彦《やまひこ》（次男）初めて、つかまり立ち。初めて蚊帳《かや》を吊《つ》る。

〈ぼくが広島を訪《おとず》れたのは海軍恤兵映画《じゅっぺいえいが》の脚本《きゃくほん》をかくためであった。海軍ではたとえ外地や艦上《かんじょう》の兵隊でも、何年に一ぺんか故郷《こきょう》へかえして息ぬきさせていた。こうすることによって大いに戦う気にさせていたのである。ところが敗戦になりはじめると、とてもそんな余裕《よゆう》はなくなって、兵隊たちは何年たったらかえれるやら、島流し同然になってしまった。

ソ連《れん》
現在《げんざい》のロシア

老妓《ろうぎ》
年をとった芸妓《げいこ》。お酒を出す店で、舞《まい》や唄《うた》、三味線《しゃみせん》などの芸でお客を楽しませる

恤兵《じゅっぺい》
軍隊や軍人に献金《けんきん》や寄付《きふ》などを送ること。戦地の兵士《へいし》を勇気づけ慰《なぐさ》めるために手紙や日用品を入れた慰問袋《いもんぶくろ》を届《とど》けたりした

外地
外国の地。当時の日本領《りょう》土《ど》でも、満州《まんしゅう》や台湾《たいわん》など本土以外はこう呼《よ》んだ

そこで仕方なく日本の故郷《こきょう》の風物を映画《えいが》にとったフィルムを戦地へ送り、映写《えいしゃ》してみせようとしたのが恤兵映画《じゅっぺいえいが》だった。従《したが》って内容《ないよう》は戦時下風というよりも民謡《みんよう》とか踊《おど》りとか、芸者姿《げいしゃすがた》とか、平和な状況《じょうきょう》をとってつけたように入れるのが要求されていた。

ぼくが脚本《きゃくほん》の嘱託《しょくたく》をしていたのは株式会社《かぶしきがいしゃ》朝日映画社《あさひえいがしゃ》で、そこには当時戦争に抵抗《ていこう》する仕事を多く残した芸術映画社《げいじゅつえいがしゃ》の人たちが統合《とうごう》されて一しょに仕事をしていた。ぼくはこの社で、厚木《あつぎ》たか氏とか大村英之助《おおむらえいのすけ》氏のお世話になり、そして次の十二日の日記に出てくる小出峻《こいでたかし》氏など、その後共産党員《きょうさんとういん》として働くことになる人たちと親しくなったのである。小《こ》出峻《いでたかし》氏は戦後神奈川県で、地区活動をするうちに知り合った、まだ「赤毛のポチ」をかいたかかかない頃《ころ》の年若《としわか》い山中恒《やまなかひさし》氏をぼくに紹介《しょうかい》した人物で、訳書《やくしょ》も多く、ぼくが戦中に会った人の中で一流のしなやかな強さをもった人であった。〉

嘱託《しょくたく》
正社員ではないかたちで仕事を依頼《いらい》し、まかせること

共産党《きょうさんとう》
財産《ざいさん》を私有《しゆう》ではなく社会で共有することで貧富《ひんぷ》の差をなくすことをめざす共産主義《きょうさんしゅぎ》をかかげた政党《せいとう》

八月十二日

雨。作物は、蘇《よみがえ》るし吾々《われわれ》は休養《きゅうよう》日と云《い》う訳《わけ》で喰《く》っては寝《ね》することになる。寝《ね》ながら三笠《みかさ》全書の社会政策《せいさく》を百頁《ページ》ほどよむ。こうしたものをよむのは久《ひさ》しぶり。著者《ちょしゃ》の江森《えもり》（盛弥《もりや》）氏とはあの壺井《つぼい》（繁治《しげじ》・栄《さかえ》）氏から東童《とうどう》（劇団《げきだん》）に子供《こども》を入れる交渉《こうしょう》のあった江森《えもり》氏であろう。いつかの小《こ》出峻《いでたかし》氏の言葉など思い合わせて確実《かくじつ》なり。午後、町へ出て郵便局《ゆうびんきょく》へと思ったがカレンダーをみると日曜日なのでやめる。

肉の配給がN氏（隊員）の所まで来ていると云《い》うのでとりに行く。F氏も来ないし、N氏も畑からかえらず、Y氏H氏もとりにきたのが女子供《おんなこども》なので仕方なく小生《しょうせい》が二貫目《かんめ》の肉塊《にくかい》と取組《とりく》み、肉屋開業。いい所だ悪い所だと、はたから云《い》われうろうろする。ともかく二百五十匁《もんめ》ずつわける、一軒《けん》六円二十五銭《せん》。夜、あかりをつけて豚《ぶた》なべを喰《く》う。東京では夢《ゆめ》にしかみられなかったような満腹《まんぷく》。

匁《もんめ》
重さの単位。一匁《もんめ》は、約三・七五グラム

八月十四日

曇《くもり》。今日中に小豆《あずき》畑の除草《じょそう》をすませ、明日は晴れたらナタネ落《おと》し——ムシロの上にナタネをのせ馬にローラーをひっぱらせて落《おと》すのだそうだ——と大強行軍《だいきょうこうぐん》。畑で明日はお盆《ぼん》なんだが休めないらしいとアンちゃんが云《い》う。

四六時中働いているアンちゃんが半島人であることを、よんでいた手紙の文字で二三日まえに知った。夕方おばあさんから醤油《しょうゆ》ビール瓶《びん》一本と昆布《こんぶ》をもらう。この辺のお盆《ぼん》にはコブ巻《まき》を作るのだから、これで作れと云《い》う。中に身欠《みがき》ニシンをいれる。返礼にニシンを七十本ほどあげる。実は慾《ほ》しかったのだと大喜《おおよろこ》びされる。この辺の配給、今のところ農兵隊の方がよし。

〈アンちゃんは強制《きょうせい》労働者として朝鮮《ちょうせん》から炭坑《たんこう》に送り込《こ》まれた少年だった。S氏はそこから逃亡《とうぼう》したアンちゃんが自分の畑に空腹《くうふく》で倒《たお》れてい

農兵隊
ふだんは農業をしていて、いざというときには兵士《へいし》となる人

たのを、大たんにも警察《けいさつ》へ届《とど》けもせずに、家族の一員に加えていたのである。しかし、何も温情《おんじょう》からだけではない。よそでは全く手にはいらない営農者《えいのうしゃ》を一家に加えることによって、労働力をふやせたからであった。こんなふうに逃亡《とうぼう》した朝鮮人《ちょうせんじん》労働者が何らかの形で一般人《いっぱんじん》の中に姿《すがた》をひそめていた実例をこのあと少なからずきいた。

ぼくはこの、丸顔でいつもにこにこしていたアンちゃんを忘《わす》れることができない。そして「北風は芽を」（戦争児童文学傑作選《けっさくせん》・童心社版所《どうしんしゃはんしょ》載《さい》）という短篇《たんぺん》にこの時の状況《じょうきょう》をかいている。その書き出しは「その少年の名を、アンとよぶことにする。今になってもほんとうの名はわからない――」である。〉

八月十五日

曇《くもり》。朝、S氏宅《たく》より鯖《さば》の煮付《につけ》をもらう。生きのいいぴかぴかしたもの。冷凍車《れいとうしゃ》でもついたのだろうと。野菜とバクったものらしい。

朝食を終《おわ》ってタバコを吸《す》いにS家へいくと、ラジオが何かニュースらしいことを云《い》っている。そのあと正十二時、陛下《へいか》の放送がある由《よし》。そして午後に新聞が配達される所があると。何事ならん。最初にして最後の放送ならんと緊張《きんちょう》す。ナタネ落しが変更《へんこう》されて麦刈《むぎか》りとなる。配給の鎌《かま》を初めておろす。麦刈《むぎか》りは除草《じょそう》より律動的《りつどうてき》な快感《かいかん》がある。

十一時半、みな畑からかえってS氏は茶《ちゃ》の間に小生《しょうせい》らは土間に座《すわ》る。アン入りの蒸《む》しパンをもらい、かじりながら待つ。十一時五十七分より儀式調《ぎしきちょう》のアナウンサーの声。時刻《じこく》を報《ほう》ず。放送始まる。妻《つま》はカマドのまえに起立《きりつ》す。海彦《うみひこ》はうるさいのでわざとH氏の所へ新聞をとらせにやった。詔書《しょうしょ》の内容《ないよう》は拡声器《かくせいき》の不調などで、詳《つまび》らかには分《わか》らぬ。小生《しょうせい》は最初の一分ほどで内容《ないよう》を察《さっ》し息をのんだ。来《きた》るべきものが来たという感じ。しかし考えていたより早かった。

詔書《しょうしょ》がすんでも、みな解《げ》せぬ顔。小生《しょうせい》、妻《つま》に小声で、終ったんだ、と云《い》う。S氏ややあって、受諾《じゅだく》（ポツダム宣言《せんげん》）したというのかねと、

土間《どま》
建物の中で、床《ゆか》をはっていなくて地面のままか漆喰《しっくい》などで固めた場所。土足のまま出入りができ、台所や作業場などとして使う

詔書《しょうしょ》
天皇《てんのう》の言葉を記した文章

変な顔をしてきく。小生《しょうせい》が説明して初めて分ったらしい。S氏の意識《いしき》は（今後の）貨幣価値《かへいかち》（の変動《へんどう》）からはなれない。盛《さか》んにその質問《しつもん》をする。小生《しょうせい》も――さてどうしたものか。

H氏のところへいく。H氏のおくさんもラジオをきいて何のことやら分《わか》らずに居《い》たらしい。おばあさんは銀行預金《よきん》のことばかり云《い》うし、H氏は説教《せっきょう》じみてこれからの精神《せいしん》生活が何のと莫迦《ばか》の骨頂《こっちょう》をいう。大きく羽ばたかねばならぬ。かえるとS家のおじいさん、負けたのじゃない仲よくやっていこうと云《い》う話だと、ひとりがんばっている。S氏は金《かな》棒《ぼう》引《ひ》きに役場《やくば》へ行ったし、雨はふりだし麦刈《むぎか》りは中止。三時頃《ごろ》から馬車で子供《こども》たちとおばあさん墓《はか》まいりに行く（旧盆《きゅうぼん》）。きゅうり五本もらう、初物《はつもの》。隊員のI氏旭川《あさひかわ》からかえり、初めて事実を小生《しょうせい》からきかされ驚《おどろ》く。汽車中では総突撃《そうとつげき》とのうわさがあった由《よし》。

〈「妻《つま》はカマドのまえに起立《きりつ》す」という一行《ぎょう》を、ぼくは感慨《かんがい》をもってよ

ポツダム宣言《せんげん》
イギリス、アメリカ、中国の連名で日本に対して出された無条件降伏《むじょうけんこうふく》を求める声明

金棒引《かなぼうひ》き
うわさなどを大げさにふれまわる人のこと

み下《くだ》さざるを得《え》ない。この妻《つま》はぼくと小学校二年のときから知り合った親類《しんるい》同様の家の娘《むすめ》で、以来毎年のように夏になれば彼女《かのじょ》の住んでいた湘《しょう》南《なん》の浜辺《はまべ》で会った。年若《としわか》い男女の自由な交際《こうさい》など思いもよらない戦時のことであってみれば、ぼくたちの関心がきわめて主観的《しゅかんてき》にならざるを得《え》なかった。

つまり幼《おさな》なじみとして結婚《けっこん》したのにとどまったのだった。ぼくには人間の意識《いしき》が説得《せっとく》や生活の変化だけで軽々《かるがる》しく変《かわ》り得《う》るという思い上がりもあった。ぼくはこの妻《つま》と食料《しょくりょう》も住宅《じゅうたく》事情《じじょう》も一応《いちおう》めどのついた十数年後に子どもたちを引きとって離婚《りこん》した。海軍軍人の家に生《うま》れ、通りかかっても本能的《ほんのうてき》に宮城《きゅうじょう》前で最敬礼《さいけいれい》し、やがて八月十五日の玉音放送《ぎょくおんほうそう》をきくときただ一人直立不動《ちょくりつふどう》の姿勢《しせい》をとった彼女《かのじょ》であった。

そのときS家の人たちは、正座《せいざ》すらしていなかった。そこに生活にしぶとい人間の典型《てんけい》のようなものをぼくは感じとって打たれたのだ。〉

宮城《きゅうじょう》　天皇《てんのう》の住むところ。皇居《こうきょ》

玉音放送《ぎょくおんほうそう》　天皇《てんのう》が終戦を国民に伝えたラジオ放送

八月十六日

朝、アンちゃんに井戸端《いどばた》で、あなたたちは暮《く》らしよくなりますよと云《い》えば、にこにこしている。S氏よりコップに一杯《いっぱい》ドブロクをもらう。おじいさんがニュース中に話しかけるのには困《こま》った。

海軍の施設部《しせつぶ》の連中、仕事がなくなったからと麦刈《むぎか》りの手伝《てつだ》いにくる。町の連中は俺《おれ》たちに断《ことわ》りもなしに止めやがったと云《い》っている由《よし》。

状勢《じょうせい》の変化で或《ある》いは吾々《われわれ》がこの地に居《い》られない、つまりこのまま何の居住施設《きょじゅうしせつ》もつくれないなら越年《えつねん》出来ないのではないか。ともかく尾山台《おやまだい》へ最悪の場合、帰京《ききょう》するかもしれないとの速達と、最大の関心事たるモラトリアムが行われはしないかと云《い》う懸念《けねん》のため、貯金通帳《ちょきんつうちょう》を握《にぎ》って町へ出る。

暑い。ぶらぶら歩くので一時間半もかかり郵便局《ゆうびんきょく》につく。貯金取扱《ちょきんとりあつかい》は四時までだが今日は引出《ひきだ》しの人が多く金がなくなったから閉《し》め切ったという。速達だけ出す。東京には電報《でんぽう》がいかない。駅も見たが平穏《へいおん》。王子《おうじ》

ドブロク　米と米麹《こめこうじ》、水を原料とするお酒で、白くにごっている

施設部《しせつぶ》　土木建築《けんちく》の計画、審査《しんさ》、研究、実験などを行う機関

モラトリアム　しばらくの間やめるという意味で、ここでは非常《ひじょう》時《じ》に混乱《こんらん》をさけるために、金銭債務《きんせんさいむ》の支払《しはら》いが一定期間行われないことをさす

（製紙《せいし》工場）の近くで三時頃《ごろ》工員がぶらぶらかえって行くのを自転車《じてんしゃ》に乗った監督《かんとく》らしいのが、例の口ぶりでとがめていた。
夜、麦刈《むぎか》りの海軍連中とＳ氏宅《たく》で粗野《そや》な酒盛《さかも》り。清酒、ドブロク、強《こわ》めし、ゴボウ煮《に》しめ、グリンピースなどで久《ひさ》しぶりに酔《よ》い、満腹《まんぷく》。

強《こわ》めし
米を蒸《む》した飯《めし》、おこわ

学童疎開《そかい》

戦争が続くにつれ、都市部では空襲《くうしゅう》がはげしくなりました。そこで、一九四四（昭和十九）年六月三十日、政府《せいふ》は「学童疎開促進要綱《がくどうそかいそくしんようこう》」を決定して、都市部にある国民学校の三年生から六年生の子どもたちを疎開《そかい》させることにしました。将来《しょうらい》の戦力となる子どもたちを守るためです。

地方の親戚《しんせき》や知人をたよる「縁故疎開《えんこそかい》」のあてのない子どもは、学校ごとに「集団疎開《しゅうだんそかい》」をしました。お寺や旅館などに泊《と》まり、規律《きりつ》の厳《きび》しい集団《しゅうだん》生活をするのです。いつ帰れるのかもわからず、家族とはなれて暮《く》らすのもつらいことでした。農村部であっても、じゅうぶんな食べ物があったわけではなく、ひもじい思いをしながら勉強をしたり、農作業の手伝いなども行っていました。

疎開《そかい》の対象《たいしょう》都市

一九四四（昭和十九）年

東京都（東京）、神奈川県（横浜、川崎、横須賀《よこすか》）、大阪府（大阪）、兵庫県（神戸《こうべ》、尼崎《あまがさき》）、愛知県（名古屋）、福岡県（門司《もじ》、小倉《こくら》、戸畑《とばた》、若松《わかまつ》、八幡《やはた》）の十三都市

※一九四三年七月に東京市と東京府が合併《がっぺい》して東京都になった

一九四五（昭和二十）年

京都府（京都、舞鶴《まいづる》）、広島県（広島、呉《くれ》）の四都市が追加

疎開《そかい》のための費用《ひよう》が用意できない子や、体が弱く集団《しゅうだん》生活が難《むずか》しい子は、集団疎開《しゅうだんそかい》に参加できず残留組《ざんりゅうぐみ》と呼《よ》ばれました。

昭和20年
8月
5・6・7
太田大八
①
5日午後5時
松江から広島に向かう
芸備線《げいびせん》にのっている
目的は広島県内政部長
アキヨシ氏に会って
山陽地区の軍需《ぐんじゅ》工場や、
宿舎、地下壕舎《ごうしゃ》の建設
打ち合わせのためである
②
③
5日午後6時
もう県庁は終わっている、
アキヨシ氏に会うのは明日に
しよう・・ ひげでもそって・・・・
鉄カブト
④
5日午後6.30
広島市内の
川端の雑貨屋《ざっかや》
⑤
安全カミソリの刃を一枚
買う
暗い店のおくから一枚の刃を
私にわたしてくれたおばあさん

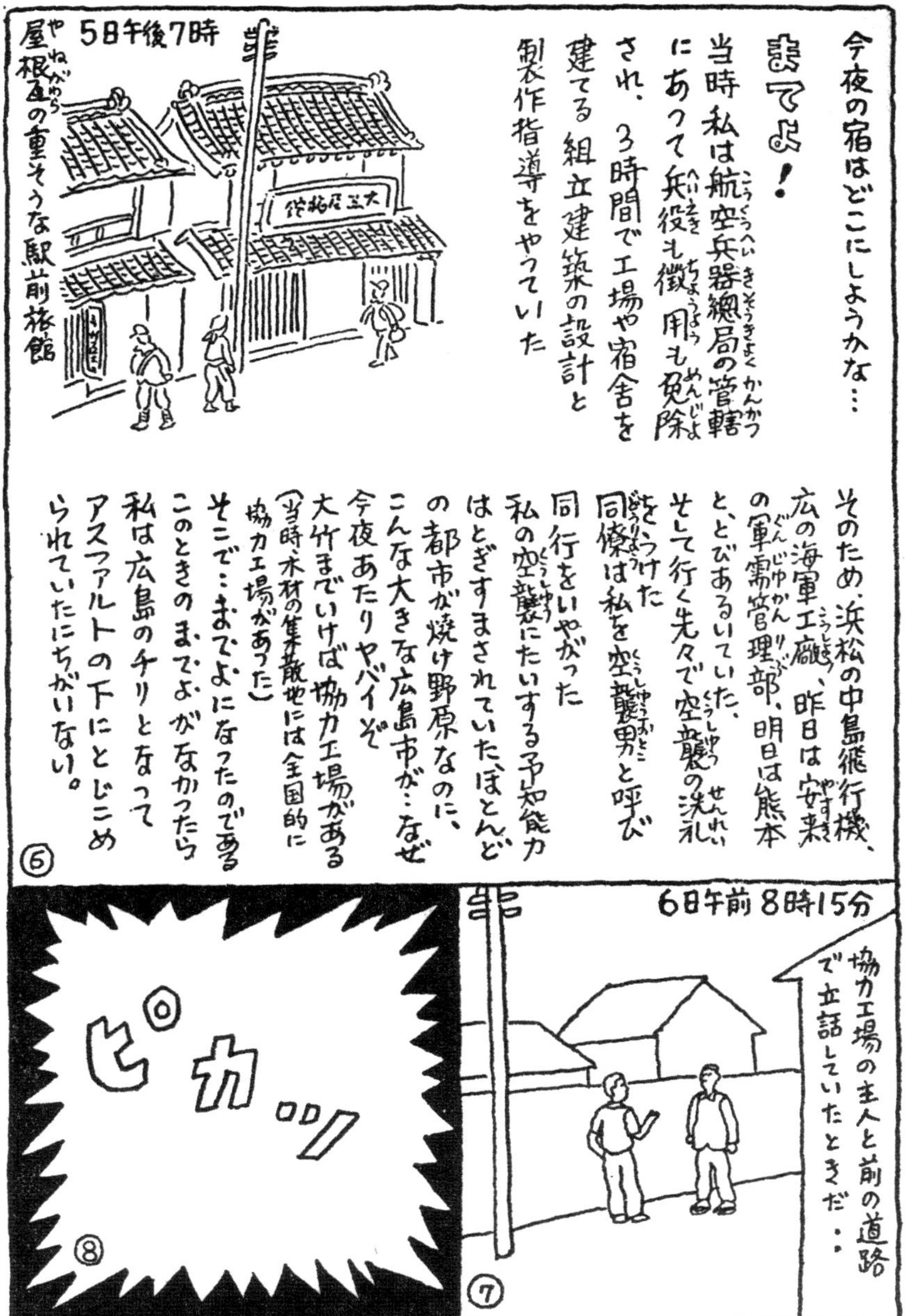
今夜の宿はどこにしようかな…
まてよ！
当時私は航空兵器總局《こうくうへいきそうきょく》の管轄《かんかつ》にあって兵役《へいえき》も徴用《ちょうよう》も免除《めんじょ》され、3時間で工場や宿舎を建てる組立建築の設計と製作指導をやっていた
5日午後7時
屋根瓦《やねがわら》の重そうな駅前旅館
そのため、浜松の中島飛行機、広の海軍工廠《こうしょう》、昨日は安来《やすき》の軍需管理部《ぐんじゅかんりぶ》、明日は熊本と、とびあるいていた、そして行く先々で空襲《くうしゅう》の洗礼《せんれい》をうけた
同僚《どうりょう》は私を空襲男《くうしゅうおとこ》と呼び同行をいやがった
私の空襲《くうしゅう》にたいする予知能力はとぎすまされていた、ほとんどの都市が焼け野原なのに、こんな大きな広島市が…なぜ
今夜あたりヤバイぞ
大竹までいけば協力工場がある
(当時、木材の集散地には全国的に協力工場があった)
そこで…まてよになったのである
このときのまてよがなかったら私は広島のチリとなってアスファルトの下にとじこめられていたにちがいない。
⑥
6日午前8時15分
協力工場の主人と前の道路で立話していたときだ…
⑦
ピカッ
⑧

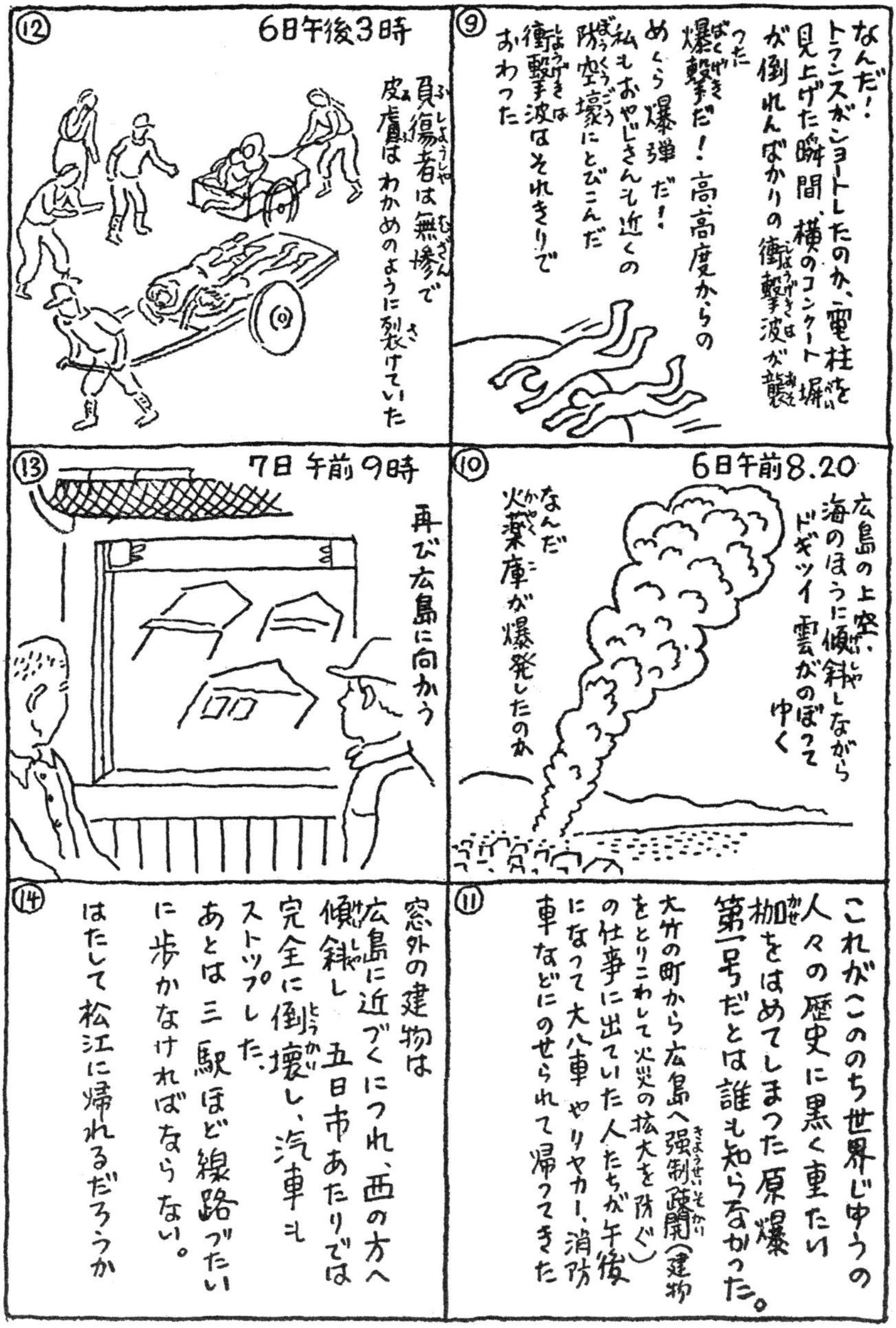

めくら爆弾《ばくだん》
強い光で目をくらます閃光弾《せんこうだん》のことか

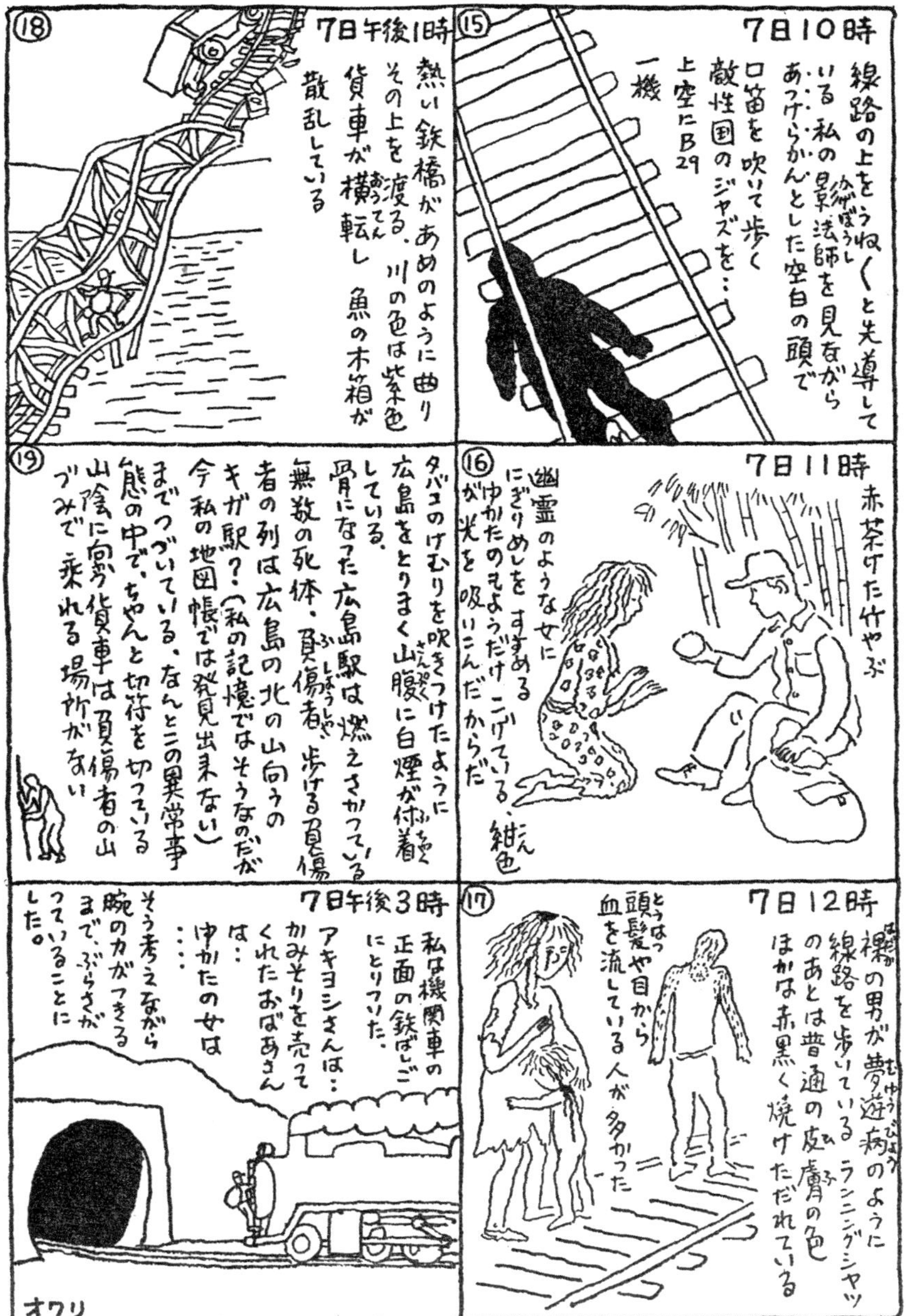
⑮
7日10時
線路の上をうねくと先導している私の影法師《かげぼうし》を見ながら
あっけらかんとした空白の頭で
口笛を吹いて歩く
敵性国のジャズを…
上空にB29
一機
⑯
7日11時
赤茶けた竹やぶ
幽霊のような女に
にぎりめしを すすめる
ゆかたのもようだけ こげている、紺《こん》色が光を吸いこんだからだ
⑰
7日12時
裸《はだか》の男が夢遊病《むゆうびょう》のように
線路を歩いている ランニングシャツのあとは普通の皮膚《ひふ》の色
ほかは赤黒く焼けただれている
頭髪《とうはつ》や目から
血を流している人が多かった
⑱
7日午後1時
熱い鉄橋があめのように曲り
その上を渡る。川の色は紫色
貨車が横転《おうてん》し 魚の木箱が
散乱している
⑲
タバコのけむりを吹きつけたように
広島をとりまく山腹《さんぷく》に白煙が付着《ふちゃく》
している。
骨になった広島駅は燃えさかっている
無数の死体、負《ふ》傷者《しょうしゃ》、歩ける負傷
者の列は広島の北の山向うの
キガ駅?(私の記憶ではそうなのだが
今私の地図帳では発見出来ない)
までつづいている、なんとこの異常事
態の中で、ちゃんと切符を切っている
山陰に向う貨車は負傷者の山
づみで乗れる場所がない
7日午後3時
私は機関車の
正面の鉄ばしご
にとりついた。
アキヨシさんは…
かみそりを売って
くれたおばあさん
は…
ゆかたの女は
……
そう考えながら
腕の力がつきる
まで、ぶらさが
っていることに
した。
オワリ

八月十六日のげんこつ

竹崎有斐《たけざきゆうひ》

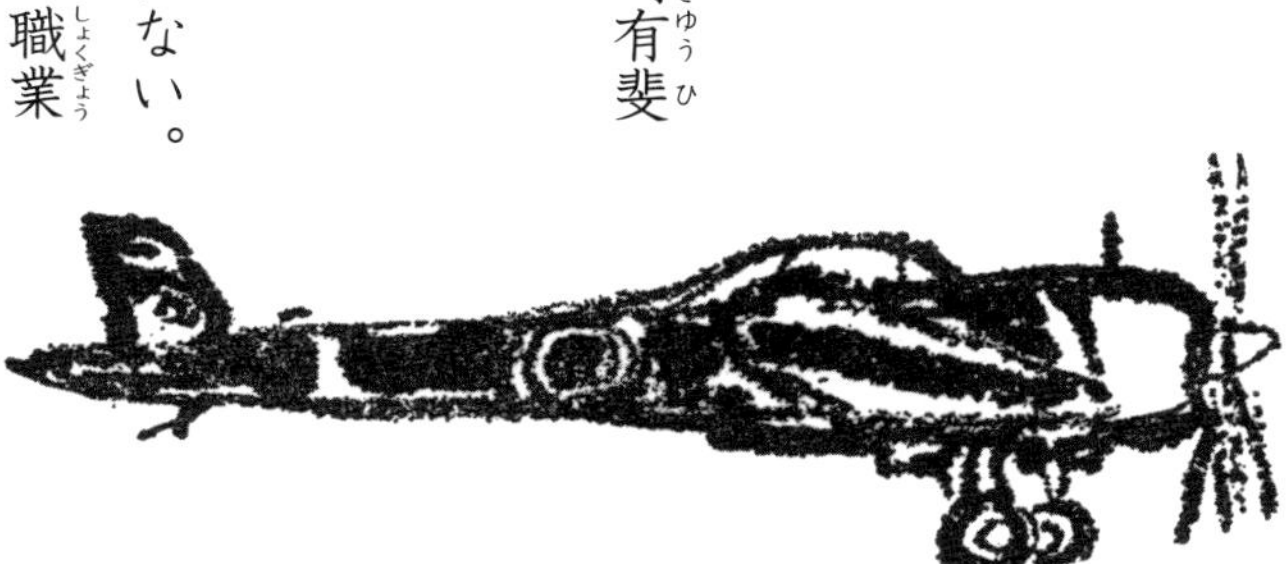

地下《ちか》の部屋

私《わたし》はふだん、自分が運《うん》がいいとか悪いとか、あまり考えたことはない。だが、あの大平洋戦争を、無事《ぶじ》くぐりぬけたこと、それに、ついに職業《しょくぎょう》として、童話をかくようになったこと、この二つについては、どうしても運命《うんめい》というものを感じないわけにはいかない。

戦争と童話、一見奇妙《いっけんきみょう》なとりあわせだが、私《わたし》の心の中では、一方を思いだすと、かならず一方がついてくるといった具合《ぐあい》に、どうしても切りはなせない関係《かんけい》になっている。

私《わたし》の、童話と戦争とのかかわりあいは、昭和十七年の四月（太平洋戦争がはじまった翌年《よくねん》）早稲田《わせだ》にはいったばかりの私《わたし》が、うきうきした気持ちで、文学部校舎《ぶんがくぶこうしゃ》の地下を歩いていたときからはじまる。

地下の通路《つうろ》の両がわには、いろんな部会の部屋がならんでいた。私《わたし》は小説《しょうせつ》の同人雑誌《どうじんざっし》にはいりたくて、そのような部会をさがしていたのだが、偶然《ぐうぜん》、早大童話会《そうだいどうわかい》という部室の看板《かんばん》が目についた。

大学というところには、童話をかくグループまであるのかと、ふしぎな気持ちで、ドアの前にたちどまった。四月という月は、各部会《かくぶかい》が、新入部員獲得《かくとく》にやっきになっていた時期である。私《わたし》はちょっとドアの前に立ちどまっただけで、中にひっぱりこまれ、入会させられてしまった。

もしこのとき、ドアの前に立ちどまらず、素通《すどお》りしていたならば、私《わたし》は一生、童話などというものを、書かなかったかもしれない。

入会するまで、私《わたし》は童話など書こうと思ったこともなかった。入会しても同様《どうよう》で、ただちょっと童話というものはどんなものか、様子《ようす》をみるつもりでいた。

だが、ひと月もたたないまに、私《わたし》は教室の授業《じゅぎょう》などそっちのけで、童話会の部室にいりびたりになってしまった。

この部室は、ふしぎな熱気《ねっき》にあふれていた。それは何か新しいものにいどむ人たちの熱気《ねっき》であった。入会してはじめて知ったことだが、日本で文学としての童話がかきはじめられたのは、そう古いことではなかったのである。そしていま、新しい開花期《かいかき》をむかえ、身近《みじか》な先輩《せんぱい》の一人(岡本良雄氏《おかもとよしおし》)が童話集を出して、新進作家《しんしんさっか》として脚光《きゃっこう》をあびつつあった。当然《とうぜん》、その先輩《せんぱい》につづくべく、早大童話会《そうだいどうわかい》は熱気《ねっき》にあふれていた。それは若《わか》い私《わたし》にとって、何物《なにもの》にもかえがたい魅力《みりょく》であった。

その熱気《ねっき》にあおられて、私《わたし》も見よう見まねで作品を書きはじめた。だが、週一回の合評会《がっぴょうかい》で読みあげても、だれもろくに、批評《ひひょう》などしてくれなかった。

「きみ、批評《ひひょう》というのは、作品になってからのことだよ。」

合評会《がっぴょうかい》 作品に対して批評《ひひょう》し合う会

私《わたし》の書いたものなど、批評《ひひょう》にも価《あたい》しなかったのである。だがそれでも私《わたし》は、部屋のすみにちいさくなって、先輩《せんぱい》の文学論《ぶんがくろん》をきき、そのあと喫茶店《きってん》にくっついていくのが、この上ないよろこびだった。

そのころ、戦局《せんきょく》はたった一年のうちに、大きくかわりつつあった。六月、ミッドウェー海戦《かいせん》にやぶれて、日本は制海権《せいかいけん》を失《うしな》ったのである。くわしいことはわからなかったが、事態《じたい》はますます切迫《せっぱく》して、学生の徴兵延期《ちょうへいえんき》とりけしが、いつ発令《はつれい》になるか、それがしだいに近づいてきつつあった。

それは、姿《すがた》の見えないものに、周囲《しゅうい》をとりかこまれ、だんだん追いつめられてくるような、いらいらした不安感であった。

だが私《わたし》は、部室にいるあいだだけは、その不安感を忘《わす》れることができた。不安がつのればつのるほど、私《わたし》は部室にいりびたるようになった。私《わたし》はもともと、人一倍よわ虫なのである。戦場《せんじょう》の恐怖《きょうふ》はまだ実感《じっかん》としてわいてこなかったが、軍隊《ぐんたい》生活そのものがこわかった。

戦局《せんきょく》　戦争や勝負のなりゆき、状況《じょうきょう》

制海権《せいかいけん》　おもに海軍力によって一定の範囲《はんい》の海を支配《しはい》できる権力《けんりょく》。このとき日本は、空の権力《けんりょく》、制空権《せいくうけん》も失っている

徴兵延期《ちょうへいえんき》　男性《だんせい》には二十歳《さい》になると兵士《へいし》になる義務《ぎむ》があったが、学生のうちは免除《めんじょ》されていた。しかし、兵力が足りなくなると、理工系や医学系、教員養成学校などをのぞく在学生《ざいがくせい》の徴兵延期《ちょうへいえんき》が停止《ていし》された

私《わたし》は中学一年の頃《ころ》から、五年生の終わりごろまで、当時熊本《くまもと》医大《いだい》の学生であった人に、短歌をはじめ、文学というものを数えてもらっていた。文学だけではなく、私《わたし》の社会観《しゃかいかん》にしろ、人生観《じんせいかん》にしろ、すべてこの人の受《う》けうりであった。

翻訳書《ほんやくしょ》よみそめたりし頃《ころ》よりぞファッショをにくむ心ありしか

この短歌は、その人、平戸義信《ひらとよしのぶ》氏のものであり、昭和十三年のアララギ年刊歌集《ねんかんかしゅう》に収録《しゅうろく》されている。

したがって私《わたし》も、かなりはげしく権力《けんりょく》を憎《にく》んでいたはずである。にもかかわらず、自分がいざ、大きな権力《けんりょく》の前にたつと、まったく無抵抗《むていこう》でしかありえなかった。そしてただ恐《おそ》れるだけである。ふりかえってみると、戦争のあいだじゅう、ずっとそうであった。

しかし、翌年《よくねん》の昭和十八年十月二日、ついに文科系《ぶんかけい》学生の徴兵延期《ちょうへいえんき》が、

ファッショ
ファシズムのこと。自由や人権《じんけん》を無視《むし》した国家主義をかかげ、独裁的《どくさいてき》な指《し》導者《どうしゃ》や暴力《ぼうりょく》によって反対派をおさえる政治体制《せいじたいせい》や思想《しそう》

アララギ
「アララギ」は、短歌雑誌《ざっし》で、斎藤茂吉《さいとうもきち》などアララギ派《は》と呼《よ》ばれる歌人が活躍《かつやく》した

全面停止《ぜんめんていし》になった。入隊《にゅうたい》がその年の十二月一日ときまり、残った数ヵ月を、どのようにすごそうかと考えた。事がはっきりきまってしまうと、案外不安《あんがいふあん》はなくなったのだが、やはり一種の興奮状態《こうふんじょうたい》になっていたのかもしれない。

私《わたし》はまず、まがりなりにも、早大童話会《そうだいどうわかい》というものに席をおいたからには、批評《ひひょう》くらいしてもらえるものを一つ書いておきたかった。私《わたし》は三日ほど下宿《げしゅく》にこもって、二十枚《まい》たらずの短いものを書いた。

いま、たまたま読みかえしてみると、やはり批評《ひひょう》などしてもらえそうにない、つまらない作品である。だが終わりのあたりに、学徒出陣《がくとしゅつじん》がきまったときの気持ちをかなり正直に書いている。

題は「栗《くり》のなる頃《ころ》」というのだが、つまり十月、学徒出陣《がくとしゅつじん》のきまった十月のことである。

作三《さくぞう》という少年は、東京にでて、伯父《おじ》さんの家から工場に働きにいき、夜は夜間中学《やかんちゅうがく》に通って勉強もしていた。そしてひとりの兄が、来年大学

学徒出陣《がくとしゅつじん》

大学や高等専門学校の学生や生徒（学徒《がくと》）は卒業するまで軍に入らなくてもよかったが、戦争が長びき兵が不足したため、昭和十八年（一九四三）年九月、一部の学部の学生をのぞき、学業を中断《ちゅうだん》して学生の身分のまま兵《へい》士《し》となることになった

を卒業《そつぎょう》して就職《しゅうしょく》したら、こんどは自分を昼間の中学に入れてくれて、大学にまでやってくれるという約束《やくそく》を夢《ゆめ》みて、がんばっていた。

だが、ある夜、学校から帰って来た作三《さくぞう》は伯父《おじ》さんからよびとめられる。

「作三《さくぞう》。」

急にあらたまった伯父《おじ》さんの声に、作三《さくぞう》はびくっと立ちどまった。

「お前の兄さんも、いよいよ出征《しゅっせい》だぞ。」

「ええっ、卒業もしないのにですか。」

作三《さくぞう》は、急にこうきいても、何がなんだかさっぱりわからなかった。

「そう、夜の放送で、ラジオがそういっていた。学生はみんな勉強をやめて、戦場にいくようになると、工場でももっとすごく働くようになるぞ。」

作三《さくぞう》は、がんとなぐられたように立ちすくんだ。

出征《しゅっせい》
軍隊に加わって戦地に行くこと

「じゃ、学校もやめになるんですか」

「大学などはそうだろうな。勝つためにはしかたないだろ。」

作三《さくぞう》には、それっきり何もきこえなかった。どうしてそうなったかは、よくわからなかったけれど、作三《さくぞう》の夢《ゆめ》はまっくらになってしまった。

何しろ、みんな学校をやめて戦争にいく。戦争にいくほか何もない。

作三《さくぞう》の頭には、血がぐんぐんのぼってきた。

作三《さくぞう》はいそいで二階にかけのぼった。机《つくえ》の前に坐《すわ》った作三《さくぞう》の目には、銃《じゅう》を持った兵隊《へいたい》の兄さんと、角帽姿《かくぼうすがた》の兄さんとが入りまじって浮《う》かんできた。その兄さんが、やはり伯父《おじ》さんと同じように「勝つために」と叫《さけ》んでいるようであった。

「兄さん」

作三《さくぞう》は、心の中で叫《さけ》んだ。

私《わたし》はこのあとに〝うそだ。兄さんは勝つためになんて叫《さけ》んではいない。

角帽《かくぼう》
男子大学生がかぶる、上部が四角い帽子《ぼうし》

作三《さくぞう》はそう思った。〟と書きくわえようとしたのを覚えている。書きくわえないまでも、このままにしておきたかった。だが、前にもいったように、私《わたし》はよわ虫なのである。権力《けんりょく》がこわく、やはり作三《さくぞう》に、兄さんが戦争にいくのなら、おれだって工場でがんばるんだと、迎合《げいごう》を書いている。

いま読んでみて恥《は》ずかしくてならない。だがこうでも書かないことには、無事《ぶじ》にはすまない時代でもあった。

だが、これを書いたそのときは、「みんな学校をやめて戦争にいく。戦争にいくほか何もない」この一行《ぎょう》を書いただけで満足していた。

最後の夜、徹夜《てつや》して書きあげ、朝はやく、だれもいない部室の机《つくえ》の上に、この原稿《げんこう》をおいて、私《わたし》は九州へ帰る汽車に乗った。

入隊《にゅうたい》してきた一冊《いっさつ》の本

汽車には友達がひとりいっしょに乗っていた。小泉周平《こいずみしゅうへい》という、やはり早大童話会《そうだいどうわかい》の一年後輩《こうはい》である。私《わたし》が部室で、すぐに九州に帰り、しばらく気ままな旅《たび》をするつもりだと話したら、自分も行きたいと、ついて来たのである。

私《わたし》はそれから一《ひ》と月あまり、彼《かれ》といっしょに、九州のあっちこっちを泊《とま》りあるいた。そして宿《やど》につくと、かならず夜の二時三時まで語りつづけた。何を話しあったか覚えてはいない。だが、これで終わるかもしれない青春を一時に爆発《ばくはつ》させるように、旅の間じゅうさいげんなく話しつづけた。

旅の終わり近く、私《わたし》たちは別府《べっぷ》から耶馬渓《やばけい》をぬけて、水郷《すいごう》の日田《ひた》に泊《とま》り、そこから阿蘇《あそ》の外輪山《がいりんざん》を越《こ》えようとしていた。

途中《とちゅう》バスをおり、あえぎあえぎ外輪山《がいりんざん》の尾根《おね》に登りつめたとき、私《わたし》たちは広大《こうだい》な草原《そうげん》の向《む》うに、赤々と夕陽《ゆうひ》に映《は》える阿蘇《あそ》の山をみた。

彼《かれ》は驚《おどろ》きの声をあげ、この草原を、思いっきり馬で駈《か》けてみたいといった。そして私《わたし》は、戦争などにいかず、この夕陽《ゆうひ》のなかに、このまま自分を溶《と》けこませてしまいたかった。

阿蘇《あそ》をくだり、熊本《くまもと》で彼《かれ》と別れた。それが彼《かれ》との最後であった。彼《かれ》は、私《わたし》が復員《ふくいん》する以前に、戦病死《せんびょうし》していたのである。

十二月一日、私《わたし》は熊本《くまもと》の菊池《きくち》にある、飛行機整備隊《ひこうきせいびたい》に入隊した。入隊の日、営庭《えいてい》にならんで、学生服をぬぎ、支給《しきゅう》の軍服《ぐんぷく》に着がえたとき、この軍服《ぐんぷく》が、はたしていつ脱《ぬ》げるようになるのか。三年後、五年後、ひょっとしたらこのまま脱《ぬ》げないかもしれないと思った。

だが私《わたし》は、兵科《へいか》が飛行機整備《ひこうきせいび》であったことに、内心《ないしん》ほっとしていた。整備《せいび》はすくなくとも第一線《だいいっせん》ではない。これがまず最初の幸運《こううん》であった。

もうそのとき、私《わたし》は身をちぢめて、自分の幸運《こううん》だけをねがうようになっていた。危険《きけん》な兵科《へいか》にまわされた人のことなど念頭《ねんとう》になかったし、自分の両どなりにいる戦友《せんゆう》のことすら、果《は》たして心にとめる余裕《よゆう》があっただろうか。

それだけではなく、物の考え方自体《じたい》が、いま自分のしていること、そ

戦病死《せんびょうし》　出征《しゅっせい》中に病気で死ぬこと

復員《ふくいん》　兵士《へいし》を軍務《ぐんむ》から解《と》いて帰すこと

営庭《えいてい》　兵が居住《きょじゅう》している営所《えいしょ》の中の広場

兵科《へいか》　軍隊において軍人に割《わ》り当てられた職《しょく》。直接戦闘《ちょくせつせんとう》を行う兵の職《しょく》をさす場合と、軍隊全体の職務《しょくむ》の区分をあらわす場合がある

れだけしか考えられなくなってきていた。

ことに入隊《にゅうたい》したての初年兵《しょねんへい》のうち、前もってわかる自分の行動といえば、時間がくれば食事をくわされ、消燈《しょうとう》ラッパで寝《ね》て、起床《きしょう》ラッパで起きる。それだけがはっきりわかっているだけである。いまめしを食っていることはわかるが、そのつぎにどういうことが待っているか、それすらわからないのである。

つまりひどい緊張《きんちょう》の連続であった。そんなある日、はじめての面会《めんかい》がゆるされ、私《わたし》は思いがけない本を母からうけとった。

童苑《どうえん》の学徒出陣号《がくとしゅつじんごう》であった。これは早大童話会《そうだいどうわかい》が年一回、会員の作品を集めて出す、アンソロジーである。Ｂ６判《ばん》のちいさな本だが、ワセダカラーのえんじ色の表紙を見たとき、あの、文学部地下の部室が目にうかび、喫茶店《きっさてん》のコーヒーの匂《にお》いがした。

目次をあけると、部室で二年間を共《とも》にしてきた人たちの作品がならんでいる。私《わたし》のもその中にあった。みじかい面会時間はたちまち終わった。

アンソロジー
何人かの作者の作品を集めたもの、または、ひとりの作家による作品集だが私《わたし》はその本を手ばなすことができなかった。

私物《しぶつ》の持ち込《こ》みは禁《きん》じられていた。班内《はんない》に持ち込《こ》めばたちまちとりあげられるにきまっている。しかし、とりあげられるにしても、自分にとってこの本は、何ものにもかえがたいものだということを示《しめ》すのが、私《わたし》のささやかな抵抗《ていこう》であった。

思ったとおり、夕食後所持品検査《しょじひんけんさ》があり、本はとりあげられてしまった。とりあげられたまま、ただですむはずはない。その場でなぐられなくても、あとで班長室《はんちょうしつ》によばれることを覚悟《かくご》していた。

ところが、私《わたし》がよばれたのは、小隊長室《しょうたいちょうしつ》であった。本となると、その内容《ないよう》が関係《かんけい》するので、小隊長《しょうたいちょう》にまわったのかもしれない。

「おまえは童話など書いていたのか。」

「はい。」と答える私《わたし》を、隊長はうわ目でにらみ、私《わたし》の作品を読んでいた。だが、途中《とちゅう》でめんどうくさくなったのか、あとのほうはぱらぱらとめくって、本を机《つくえ》の上になげだした。

「なんだこれは、ちっとも面白《おもしろ》くないな。こんなものを子どもがよろこんで読むのかね。」

いま考えてみると、それはみごとな批評《ひひょう》だった。早稲田《わせだ》の童話会《どうわかい》にいたときは、ろくに批評《ひひょう》もきけなかった私《わたし》が、軍隊にきて、はじめて作品を批評《ひひょう》してもらったとは、まったく皮肉《ひにく》なことであった。

「ま、毒《どく》にも薬《くすり》にもならんな。所持《しょじ》の件《けん》は、班長《はんちょう》にきいて処理《しょり》しろ。」

私《わたし》は本をおしいただいて、小隊長室《しょうたいちょうしつ》を出た。そして、班長室《はんちょうしつ》にいった私《わたし》は、小隊長《しょうたいちょう》から所持《しょじ》の許可《きょか》がでたと、一《いち》か八《ばち》かのうそをついていた。

「そうか。」

これだけで、私《わたし》は戦争が終わるまで、いつもこの本と寝食《しんしょく》を共《とも》にすることになった。はじめのうちは、部隊をかわるたびに、本をかくすのに困《こま》ったが、あとではかなり大っぴらに持ってあるいた。過去《かこ》の部隊で、所持《しょじ》を認《みと》められたという実績《じっせき》が、ものをいいだしてたからである。

私《わたし》はひまさえあれば、繰《く》りかえしこの本を読んだ。私《わたし》だけではない、同班《どうはん》になったものは殆《ほとん》ど、何回か読んだはずである。活字《かつじ》というものは、軍人勅諭《ぐんじんちょくゆ》と戦陣訓《せんじんくん》のほかは何もないのだから、当然《とうぜん》ひっぱりだこであった。

そして、読み終わって返しに来るとき、きまって私《わたし》のものを、面白《おもしろ》いといってくれた。どう考えても面白《おもしろ》いはずはないのである。私《わたし》はこのときほど痛切《つうせつ》に、もっと面白《おもしろ》い童話を書くべきだったと思ったことはない。

整備《せいび》の神さま

私《わたし》は菊池《きくち》の整備隊《せいびたい》から、松山《まつやま》の部隊《ぶたい》に移動《いどう》し、そこで幹部候補生《かんぶこうほせい》の試験《しけん》を受けさせられた。試験《しけん》らしいものがあったかどうか、はっきり覚えていないが、ほとんど強制的《きょうせいてき》に受けさせられ、甲幹《こうかん》か乙幹《おつかん》になるのである。甲幹《こうかん》は甲種幹部候補生《こうしゅかんぶこうほせい》であり、一年の教育をうけて見習士官《みならいしかん》になる。乙幹《おつかん》は乙幹部候補生《おつかんぶこうほせい》で、六ヵ月の教育後、見習下士官《みならいかしかん》、つまり伍長見習《ごちょうみならい》になるわけである。

軍人勅諭《ぐんじんちょくゆ》
明治天皇《めいじてんのう》が軍人に下した訓示《くんじ》のようなもの。忠《ちゅう》節《せつ》、礼儀《れいぎ》、武勇《ぶゆう》、信義《しんぎ》、質素《しっそ》の五か条《じょう》を軍人の守るべき教えとしている

戦陣訓《せんじんくん》
戦場での軍人の心得《こころえ》、軍人のありかたが書かれている

幹部《かんぶ》
軍隊には階級があり、一番下の二等兵から兵長までを兵と呼《よ》んだ。それより上の階級は幹部《かんぶ》と呼《よ》ばれ、そのための学校を卒業していたり、選抜《せんばつ》試験に合格《ごうかく》しなければなれない。甲幹《こうかん》の方が乙幹《おつかん》よりも上の階級候補《こうほ》だった

ところが、将校《しょうこう》や下士官《かしかん》になると、それこそいつ除隊《じょたい》できるかわからない、それより兵隊《へいたい》のままであったほうが、苦労は多いかもしれないが早く帰れる。そういうことで、がんとして幹部候補生《かんぶこうほせい》を志願《しがん》しない人もいた。その人たちの中には、心から軍隊《ぐんたい》をきらい、将校《しょうこう》、下士官《かしかん》になるくらいなら、一兵卒《いっぺいそつ》のまま死にたいと真剣《しんけん》に思っていた人たちもいる。

とにかく、どちらにせよ、軍隊の中で、自分の思った通りやりぬくには、並《なみ》はずれた強い意志《いし》がいる。私《わたし》など、志願《しがん》しなければなぐられるときいただけで、一も二もなく志願《しがん》し、乙幹《おつかん》として、六ヵ月の教育をうけることになった。早稲田《わせだ》での教練《きょうれん》をてっていしてさぼっていたため、甲《こう》幹《かん》にはなれなかった。

私《わたし》は数育のため、三重県鈴鹿《みえけんすずか》の、第一航空軍事教育隊《だいいちこうくうぐんじきょういくたい》に入れられた。ここは浪花節《なにわぶし》で有名《ゆうめい》な、吉良《きら》の仁吉《にきち》の奮戦場《ふんせんじょう》、荒神山《こうじんやま》のそばにあった。その名をとって、荒神山鬼《こうじんやまおに》の軍教《ぐんきょう》といわれていた。

あそこから出るときは、なぐられて顔がゆがんでいるとか、紐《ひも》は持つ

将校《しょうこう》
軍の階級のひとつ。戦闘《せんとう》部隊《ぶたい》の指揮《しき》や統率《とうそつ》にあたる幹部《かんぶ》

下士官《かしかん》
軍隊の階級制度《せいど》を大きく三つに区分した「士官《しかん》」「下士官《かしかん》」「兵」のひとつ

一兵卒《いっぺいそつ》
大勢《おおぜい》いる最下位の兵隊のうちのひとり

吉良《きら》の仁吉《にきち》
浪花節《なにわぶし》は江戸《えど》時代末期に大阪で成立した語り物。仁吉《にきち》は荒神山《こうじんやま》での喧嘩《けんか》で死んだが、その義理《ぎり》がたさで人気者となり、浪花《なにわ》節《ぶし》や演劇《えんげき》、映画《えいが》などの題《だい》材《ざい》となった

な、くびをつりたくなるからなどとおどされて入隊したが、むがむちゅうで六ヵ月間すごしてみると、私《わたし》はただの一度もなぐられていなかった。教育がなまぬるかったのではない。毎日数人が、ささいなことで気を失《うしな》うまでなぐられ、脱走《だっそう》一件《けん》、くびつり未遂《みすい》一件《けん》があった中においてである。

それは私《わたし》が、いい班長《はんちょう》にめぐまれたからである。軍隊《ぐんたい》というところは、全《まった》く運《うん》だとそのとき思った。

だがもうひとつ、どうころぶか、自分の運《うん》をまつよりしかたないことがあった。それは教育を終えての配属先《はいぞくさき》である。飛行機整備《ひこうきせいび》は比較的《ひかくてき》安全であるといっても、すでにその当時、制空権《せいくうけん》、制海権《せいかいけん》を失《うしな》っている南方軍《なんぽうぐん》に派遣《はけん》されたなら、十中八九《じっちゅうはっく》、目的地《もくてきち》につくまでに、海中に撃沈《げきちん》される。

そのことは、別にニュースをきき、新聞をよんだわけではないが、うわさは正確《せいかく》にながれていた。

制空権《せいくうけん》、制海権《せいかいけん》
おもに軍力によって一定の範囲《はんい》を支配《しはい》できる権力《けんりょく》

南方軍《なんぽうぐん》
東南アジアに展開《てんかい》する陸軍。激《はげ》しい戦いや、食糧《しょくりょう》不足、病気などによって多くの人が亡《な》くなった発表されてみると、南方が1／3、中支《ちゅうし》、南支《なんし》が1／3、のこりの1／3のうち、少数が教育隊にのこり、あとは内地《ないち》の航空隊《こうくうたい》に配属《はいぞく》になった。

私《わたし》は彦根《ひこね》にある部隊《ぶたい》に、十人の同僚《どうりょう》と共《とも》に配属《はいぞく》になった。幸運《こううん》であると思った。だが、そんなに簡単《かんたん》に幸運《こううん》であるはずはない。私《わたし》たちが入れられた中隊は、異様《いよう》に荒《あ》れていたのである。

ひるすぎに隊につき、所属《しょぞく》がきまり、すぐに夕食になったが、それまでの間に、十人のうち三人がなぐられていた。古参兵《こさんへい》への挨拶《あいさつ》がわるいというのである。内地《ないち》だといって、よろこんでいたが、これは大変な部隊にはいったものだと、暗い気持ちになった。

ところが、あわただしい夕食が、終わるか終わらないうちに私《わたし》たちは医務室《いむしつ》に集合を命ぜられた。部隊へくる汽車の中で、はらがいたいといっていた一人が、チフスだったのである。私《わたし》たちはそのまま隔離《かくり》されてしまった。

中支《ちゅうし》、南支《なんし》
中国（支那《しな》と呼《よ》ばれていた）の中部、南部

内地
日本国内

古参兵《こさんへい》
先に軍に入っている兵士《へいし》。先輩《せんぱい》

チフス
チフス菌《きん》による感染症《かんせんしょう》。高熱や下痢《げり》などの症状《しょうじょう》が出て、伝染《でんせん》するチフスになったものにはすまないが、まったく救《すく》いの神であった。隔《かく》離《り》であるから、だれもはいってこない。九人は、差入《さしい》れられるめしをくって、ベッドの上でごろごろしておればよかった。軍隊にこのような天国があるとは知らなかった。

一ヵ月ほどして隔離《かくり》はとけたのだが、もうそのときは、われわれの所《しょ》属中隊《ぞくちゅうたい》はそこにはいず、どこかへ派遣《はけん》されたあとであった。どこへいったのか、わからない。だが、あの異常《いじょう》なまでの荒《あ》れようは、ただごとでなかったように思える。ここでまた命びろいをしたのかもしれない。

私《わたし》たち十人は、医務室《いむしつ》から直接《ちょくせつ》、朝鮮《ちょうせん》の群山《ぐんざん》に転属《てんぞく》を命ぜられた。当時《とうじ》、朝鮮《ちょうせん》は日本の領土《りょうど》にはなっていたのだが、いわゆる内地《ないち》ではなく、われわれにとっては外地《がいち》であった。いわば外地《がいち》の戦場へ一歩近づくことであった。

下関《しものせき》から船にのり、内地《ないち》の山が夕やみのなかに遠のいていくときは、やはり悲壮《ひそう》な気持ちであった。だが、結果的《けっかてき》には、内地外地をとわず、われわれはいちばん安全な場所にはこばれていったことになる。朝鮮《ちょうせん》は戦争《せんそう》が終わるまで、一度も空襲《くうしゅう》を受けず、砲火《ほうか》の音もきかなかったのである。のちに日本全土が、はげしい空襲《くうしゅう》をうけているとき、われわれは戦火《せんか》をさけて、疎開《そかい》しているようなかっこうになった。

しかし、群山《ぐんざん》の飛行場にいたのは、わずかな間で、部隊は鮮満国境《せんまんこっきょう》の新義州《しんぎしゅう》に移《うつ》った。いよいよ本当の外地へ、あと一歩というところにきた。

私《わたし》はここではじめて五人の部下を持ち、本格的《ほんかくてき》に飛行機を一機あずかることになった。二式複座戦闘機《ふくざせんとうき》という、双発《そうはつ》のプロペラ機である。

新義州《しんぎしゅう》の冬はきびしい。雪は多くなかったが、零下《れいか》三十度以下にくだるのである。ところが飛行機の格納庫《かくのうこ》には、スチーム一本通っていないのである。当然《とうぜん》エンジンは凍《こお》りついて動かなくなる。

私《わたし》たちは毎日、朝の三時に起きて、エンジンをあたためなければならない。ドラム罐《かん》に炭火《すみび》をおこして、エンジンの下におき、上からすっぽり布《ぬの》をかぶせるのである。

疎開《そかい》　空襲《くうしゅう》からのがれるために、安全な地方の農村などに移《うつ》り住んだり、財産《ざいさん》など大切なものを避難《ひなん》させること

鮮満国境《せんまんこっきょう》　朝鮮《ちょうせん》と満州《まんしゅう》の国境《こっきょう》

双発《そうはつ》　エンジンが二基《き》ついていること

そうして、私《わたし》たちが骨《ほね》の中まで凍《こお》りかける六時ごろ、エンジンのほうがやっとあたたまり、始動《しどう》がかかるようになる。もしもこんなことをしているとき、敵機《てっき》の来襲《らいしゅう》があったら、一機も応戦《おうせん》できないではないかと、自分のやっていることがこっけいでならなかった。

だが、設備《せつび》のおそまつさをわらうより、自分の整備技術《せいびぎじゅつ》は、格納庫《かくのうこ》などより、もっとおそまつだったのである。機械などというものに縁遠《えんどお》かった文科の学生が、たった六ヵ月のつけやき刃《ば》の教育をうけただけである。しかも大半は理論《りろん》だけで、実際《じっさい》の飛行機にさわるのは、いまがはじめてなのである。

やはり演習《えんしゅう》で飛び立った飛行機が、着陸《ちゃくりく》の際《さい》、脚《あし》が出ず、胴体着陸《どうたいちゃくりく》をして炎上《えんじょう》してしまった。事故《じこ》は続出《ぞくしゅつ》するのである。

ついに、各機の整備班長《せいびはんちょう》は、朝、第一回の飛行のとき、各自の整備《せいび》した機に同乗《どうじょう》すべしという、命令が出た。つまり整備《せいび》に命をかけて責任《せきにん》を持たせたわけである。

はなはだ無責任《むせきにん》な話だが、自分の整備《せいび》した飛行機に乗るのは、ぜったいいやであった。いままで無事に飛んでいたのは、たまたま飛行機の調子が良かっただけで、私《わたし》は点火栓《てんかせん》をみがいたくらいである。どこが摩耗《まもう》し、故障《こしょう》をおこしかけているかなど、さっぱりわからないのである。

だが命令とあれば乗らなければならない。私《わたし》はゆううつであった。ところがその日、四十年配《ねんぱい》の上等兵《じょうとうへい》がひとり、私《わたし》の班《はん》に配属《はいぞく》になった。きけば彼《かれ》は、川崎航空機《かわさきこうくうき》の工場に、二十年勤続《きんぞく》していた整備《せいび》のベテランであった。私《わたし》にはまさに神のたすけと思えた。

彼《かれ》は、回転《かいてん》しているエンジン音をきいているだけで、私《わたし》たちにはいつもと同じにきこえるその音の中に、微妙《びみょう》な異状《いじょう》をききわけた。そして適《てき》格《かく》に、故障《こしょう》をおこしつつある箇所《かしょ》を判断《はんだん》した。

私《わたし》には、まさに神わざのように思えた。無口《むくち》なおとなしい人であった。

私《わたし》は自信にみちた顔で、飛行機に同乗《どうじょう》できた。しかも整備《せいび》の労働は、ごくみじかい時間ですむようになった。

点火栓《てんかせん》　火花を出して、エンジンの混合《こんごう》ガスに点火する部品

上等兵《じょうとうへい》　下から三番目の階級の兵

だが、軍隊《ぐんたい》の階級《かいきゅう》というのはふしぎなもので、彼《かれ》のような能力《のうりょく》のある人が、何もしらない私《わたし》の部下なのである。本来《ほんらい》からいえば、早朝《そうちょう》のエンジン加熱《かねつ》は、部下の仕事である。しかし、そんなことはいっておれない。私《わたし》は彼《かれ》をゆっくり休ませ、余力《よりょく》があれば、ほかの班《はん》に彼《かれ》を貸《か》してやった。そして私《わたし》は、毎朝せっせと三時に起きて、エンジンあったためにせいをだした。

一本の虫ピン

それからしばらくしてからのことである。

年わかい、少年飛行兵《ひこうへい》の一団《いちだん》が入隊《にゅうたい》してきた。そして毎日、私《わたし》たちの整備《せいび》した飛行機に乗るようになった。私《わたし》たちは、また彼《かれ》らが飛行訓練中《くんれんちゅう》だとばかり思っていた。

だがある日、十機ばかり、いつものように離陸《りりく》していったまま、帰って来なかったのである。私《わたし》たちは、そのときはじめて、彼《かれ》らが特攻《とっこう》で

少年飛行兵《ひこうへい》
航空兵《こうくうへい》のうち、自ら希望して軍学校に入り、専門教育を受けた十四〜十九歳《さい》の男子

特攻《とっこう》
神風特別攻撃隊《こうげきたい》。爆弾《ばくだん》をつんだ飛行機ごと敵《てき》に体当たりする戦法をになった

あったのを知った。

彼《かれ》らは、どこかで自爆《じばく》して果《は》てたのである。それは沖縄《おきなわ》方面であるとの噂《うわさ》がたった。軍隊の噂《うわさ》は、かなり正確《せいかく》なのである。

かわりの飛行機が、どこからか、またはこばれてきた。そして、日常《にちじょう》の飛行訓練がつづけられた。

いつのまにか、朝の同乗飛行《どうじょうひこう》は中止になり、私《わたし》たちは、整備《せいび》した飛行機をならべて、うけわたすだけになった。彼《かれ》らの様子からは、訓練《くんれん》なのか、特攻出撃《とっこうしゅつげき》なのか判断《はんだん》がつかなかった。

私《わたし》たち整備《せいび》と、少年飛行兵との接触《せっしょく》は禁《きん》じられていた。飛行場でたまたま行きあっても、口をきくことはなかった。

たとえ命令で接触《せっしょく》を禁《きん》じられなくても、九十パーセント安全な体である人間と、九十パーセント死ぬ立場《たちば》の人間が、同じ戦友として、つきあえるはずはなかった。

彼《かれ》らが、飛行場であっても、口をきかないのも、当然《とうぜん》であると私《わたし》は思った。私《わたし》たちの同情《どうじょう》を、彼《かれ》らが受け入れたときには、九十パーセントの死の覚悟《かくご》が、くずれるときだと思った。

そのうち、特攻出撃《とっこうしゅつげき》が、二回三回と回を重《かさ》ねてくると、しぜん、出撃《しゅつげき》の日が予知《よち》できるようになった。出撃《しゅつげき》の前夜は、きまって高らかにうたう声が、遠くはなれた兵舎《へいしゃ》からきこえてくるのである。それに、炊事班《すいじはん》が彼《かれ》らの兵舎《へいしゃ》に出した献立情報《こんだてじょうほう》は、あきらかに出撃《しゅつげき》をうらづけしていた。

そのころから、私《わたし》の担当機《たんとうき》が、ちょくちょく故障《こしょう》をおこすようになった。そして、故障原因《こしょうげんいん》の発見《はっけん》に、まる一日もかかるようになった。私《わたし》はふしぎでしかたなかった。整備《せいび》の神様がついていて、そんなはずはないと思った。しかも故障《こしょう》は、特攻出撃《とっこうしゅつげき》らしいという日に、きまっておこるのである。

私《わたし》は、いつか彼《かれ》が、ふともらしていたことを思いだした。工場で徹夜《てつや》がつづき、あまりにつらかったとき、エンジンの電纜《でんらん》に、虫ピンを一本さし込《こ》んだと、彼《かれ》はいっていた。

電纜《でんらん》
電気を伝送するための線《せん》状《じょう》の部材で、電気を通さない絶縁体《ぜつえんたい》でおおわれたケーブルすると短絡《たんらく》をおこし、エンジンはたちまち不調音《ふちょうおん》をたてはじめる。技師《ぎし》がよってたかってしらべても原因《げんいん》はわからない。そのあいだいいかげん休んで、ピンをぬきとると、エンジンは快音《かいおん》をたてはじめる。たとえピンを使わなくても、そんな操作《そうさ》は簡単《かんたん》なようであった。

私《わたし》は彼《かれ》が、わかい飛行兵《ひこうへい》を出撃《しゅつげき》させるのがしのびないので、何かやっているにちがいないと思った。

やはり、出撃《しゅつげき》と思われる日の前日、私《わたし》は彼《かれ》にきいてみた。

「あしたは出撃《しゅつげき》らしいが、やはりうちの機は故障《こしょう》するのかな。」

すると彼《かれ》は、ながいあいだ私《わたし》をみつめていた。だが、その問いにはこたえず、

「あしたは、となりの班《はん》の機を見るように、たのまれていますから。」

と、ぽつりといった。私《わたし》はそれ以上、やめろとも、やってくれとも、何もいえなかった。やはり、彼《かれ》が整備《せいび》をしにいったとなりの班《はん》の機は、試運転《しうんてん》のときは快音《かいおん》をたてていたが、いざ出動《しゅつどう》というとき、いきなり不調《ふちょう》

短絡《たんらく》
電線やコードの不良で、大きな電流が流れる回路ができること。ショートともいう

音《おん》をたてはじめ、出撃《しゅつげき》から脱落《だつらく》してしまった。

だが、そうたびたび、ピンをさす機会《きかい》はなかった。それほど無尽蔵《むじんぞう》に、飛行機はなかったのである。だが、すくなくとも五人は、彼《かれ》のために、出撃《しゅつげき》からはずされ、命をひろっているはずである。

昭和十八年の八月になり、私《わたし》の部隊《ぶたい》に、満州《まんしゅう》への転進命令《てんしんめいれい》がでた。

だがしばらくして、飛行場設営《せつえい》に先発していた数人が、飛行機で帰ってきた。その報告《ほうこく》によると、満州《まんしゅう》にはすでにソ連兵が進撃《しんげき》してきており、飛行場の設営《せつえい》など、とうていできる状況《じょうきょう》ではないとのことであった。

部隊中がいろめきたった。そして、その三日後が、八月十五日だったのである。

部隊全員、営庭《えいてい》に整列して、玉音放送《ぎょくおんほうそう》をきいた。しかし、その内容《ないよう》は、私《わたし》たちにはほとんどききとれなかった。だがごくしぜんに、日本の無条《むじょう》件降伏《けんこうふく》とともに、戦争が終わったのを知った。

私《わたし》は真実《しんじつ》ほっとした。降伏《こうふく》したことによって、私《わたし》たちの国日本が、今

満州《まんしゅう》
現在《げんざい》の中国東北部。日本が満州《まんしゅう》事変によってつくりあげた国家で、一九三二（昭和七）年から戦争が終わる一九四五（昭和二十）年まで存在《そんざい》した

ソ連
現在《げんざい》のロシア

玉音放送《ぎょくおんほうそう》
天皇《てんのう》が終戦を国民に伝えたラジオ放送

無条件降伏《むじょうけんこうふく》
何も条件《じょうけん》をつけずに降伏《こうふく》すること。日本が敗戦を認《みと》めて、太平洋戦争が終わることになった

後どのようになるかということより、もう戦火《せんか》で死ぬことはなく、たぶん、家に帰れるだろうという、よろこびのほうが強かった。

私《わたし》はその翌日《よくじつ》から、整備《せいび》の仕事はなくなった。だが飛行場は、満州《まんしゅう》あたりから逃《に》げてきた飛行機で混乱《こんらん》していた。その整理に出たとき、格納《かくのう》庫《こ》のかげで、見おぼえのある少年飛行兵に出合った。たしかに彼《かれ》は、出《しゅつ》撃《げき》をまぬかれた一人である。

私《わたし》は解放《かいほう》された軽《かる》い気持ちで、はじめて声をかけた。

「おい、お互《たが》いに死なんでよかったな。」

そのとたん、私《わたし》はがんと一発、なぐられていた。

「死なんでよかったと？　そんなもんじゃない！」

彼《かれ》は、顔を赤くしてどなっていた。

死を覚悟《かくご》して戦《たたか》ってきたものと、たえず死からにげることばかり考えていたものとは、同等に、この戦《たたか》いの終結《しゅうけつ》を語《かた》ることは出来なかったのである。私《わたし》はすまなかったと思った。

考えてみると、二年近くの軍隊生活で、ただの一度もなぐられなかった私《わたし》は、戦争が終わってから、はじめてなぐられたのである。それは、戦争自体《じたい》の罪《つみ》は別《べつ》として、戦争というものに対面《たいめん》させられたとき、さらけ出さざるを得《え》なかった、自分本来《ほんらい》のみっともない弱さ、ずるさへの一撃《げき》であったような気がする。

終戦発表の日から五日目、私《わたし》たちの部隊は貨車《かしゃ》を仕立《した》て、南鮮《なんせん》へ向かって下った。だが、その南下《なんか》の途中《とちゅう》、すれちがった汽車で、まだ北上をつづけている部隊があった。

私《わたし》は、翌月《よくげつ》の九月下旬《げじゅん》、背《せ》も表紙もぼろぼろになった童話の本を持って、復員船《ふくいんせん》で舞鶴《まいづる》の港についた。

南鮮《なんせん》
朝鮮《ちょうせん》半島の南部。かつては韓国《かんこく》を南鮮《なんせん》とも呼《よ》んだが、現在《げんざい》はあまり使わない

復員船《ふくいんせん》
終戦後に海外に残された日本人を帰国させるための船

記憶《きおく》の中から

大石真《おおいしまこと》

ぼくが中学に入ったのは昭和十三年でした。公立の中学の試験に落ちて、私立《しりつ》の中学に入りました。この学校は上級学校の進学率《しんがくりつ》のいいことで、わりあい有名な学校でしたが、入ってみて驚《おどろ》きました。なんともひどい学校なのです。

その頃《ころ》、中学生になると教練《きょうれん》というものがありました。ゲートルを足にまき、教練服《きょうれんふく》というのを学生服の上に着て兵隊のまねごとをするのです。それを教えるのが予備役《よびえき》の准尉《じゅんい》ふたりと、現役《げんえき》の将校《しょうこう》でした。

ところが、この学校はひどく教練《きょうれん》に熱心で、ふたりの准尉《じゅんい》がいばって

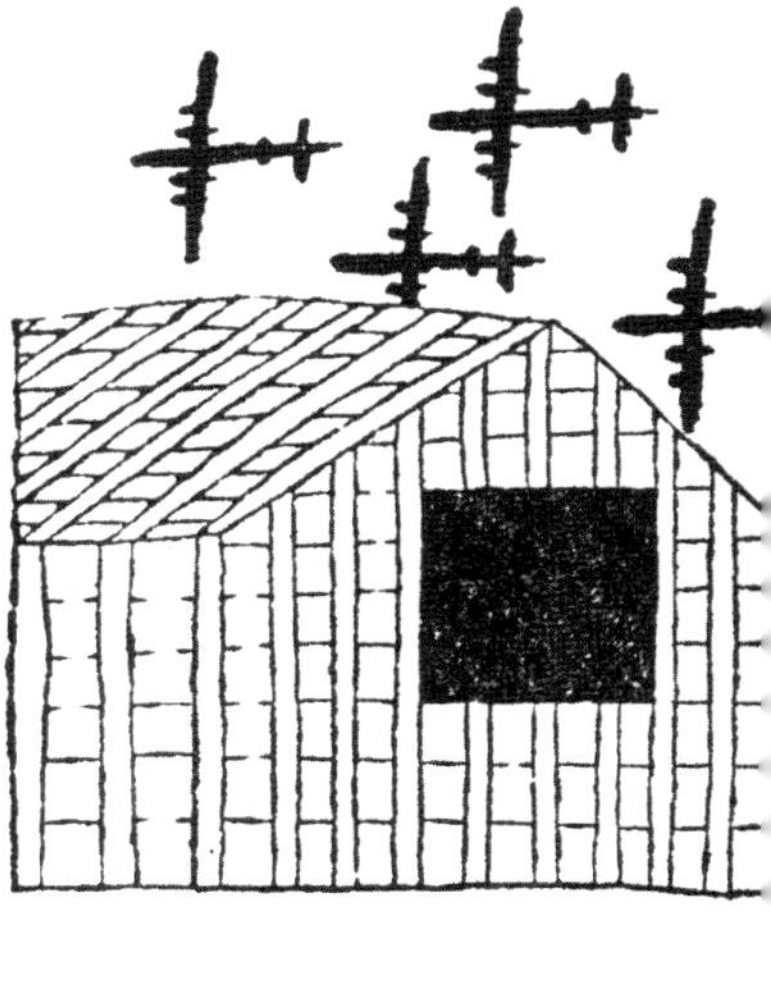

ゲートル
布《ぬの》や革《かわ》でできた巻《ま》きもの。ひざから足首にかけて巻くことで足を守り、ズボンの裾《すそ》がからまなくなる

予備役《よびえき》
現役《げんえき》を終わった軍人が服す兵役《へいえき》

いて、他の学科の先生たちは、ふたりの准尉《じゅんい》たちに遠慮《えんりょ》しているようでした。

一年に一度査閲《さえつ》というものがあり、どこから来るのか、えらい軍人が、ぼくたちの教練《きょうれん》を見に来て、最後に講評《こうひょう》というものがあり、優《ゆう》とか良《りょう》とか可《か》とか、評価《ひょうか》を下すわけです。

ぼくの学校は、この査閲《さえつ》に毎年優《ゆう》をもらっていることが自慢《じまん》なのでした。それで、ふたりの准尉《じゅんい》もいばっていられたのでしょう。

査閲《さえつ》の日が近づくと、勉強などそっちのけで、ぼくたちは毎日猛訓練《もうくんれん》をやらされました。少しでもたるんでいると、准尉《じゅんい》たちはサーベルでなぐりつけたり、足でけとばしたりしました。

なぐるといえば、戦前の教師《きょうし》は、よく生徒をなぐったものです。ぼくがなぐられなかったのは、いなかの小学校の三年間だけで、あとはしょっちゅうなぐられていました。そして、このなぐる教育は、戦争が激《はげ》しくなるにつれて、ますますひどくなっていきました。

准尉《じゅんい》
軍隊の階級のひとつ。階級制度《せいど》を大きく三つに区分した「士官《しかん》」「下士官《かしかん》」「兵」の士官《しかん》と下士官《かしかん》の間には大きな壁《かべ》があるが、その間にある位が准尉《じゅんい》。士官《しかん》学校を出ていない兵士《へいし》は准尉《じゅんい》までしか出世できない

サーベル
先がとがり、ややそりのある細身の剣《けん》。この当時は警察官《けいさつかん》も携帯《けいたい》していた

ずっと後になりますが、電車の中でよろけて体のぶつかった学生を、

「なにをする！」

といって、いきなり平手打《ひらてう》ちした若《わか》い海軍士官《しかん》を見て、実にいやな気持ちがしたことがあります。

満員電車のことですから、体がぶつかっても仕方がないのに、それを体に当たったからといってなぐりつけるとは、なんと理不尽《りふじん》なことでしょう。

そう思ったのは、ぼくだけでなく、乗客はみんなそう思っていたようでした。でも、だれひとり、この海軍士官《しかん》に文句《もんく》をいうことはできませんでした。それが当時の時代というものでした。

太平洋戦争《たいへいようせんそう》（当時は大東亜戦争《だいとうあせんそう》とよばれていた）が始まったのは、中学四年のときでした。その日、ぼくは風邪《かぜ》をひいて学校を休んでいたのですが、翌日学校《よくじつ》へいって昨日の様子《ようす》を聞くと、ロボットというあだ名

の漢文教師《きょうし》が興奮《こうふん》して、

「そんなばかなことがあるか。」

といって、いきなり、罪《つみ》もない生徒をなぐりつけたということでした。

この漢文の教師《きょうし》同様、だれだって米英《べいえい》を相手にして日本が戦うとは思っていませんでした。いくら日本が強いといっても、米英《べいえい》相手では、とても勝ち目がないと思うのが当時の人びとの常識《じょうしき》でした。

ところが、ハワイ真珠湾《しんじゅわん》の奇襲《きしゅう》の成功、マレー沖《おき》海戦の勝利、翌年《よくねん》二月のシンガポール陥落《かんらく》と、つぎつぎと「赫々《かくかく》たる戦果」が発表されると、

「なかなかやるじゃないか。」

という驚《おどろ》きの気持ちに変わり、

「これなら、ひょっとすると……」

と、勇《いさ》みたつ気持ちになったのも、無理のないことでした。

しかし、この戦争を境《さかい》に、ぼくたちの暮《くら》しは急にみじめになってきました。お菓子《かし》が店頭《てんとう》から姿《すがた》を消し、味噌《みそ》も醤油《しょうゆ》も切符制《きっぷせい》になり、衣料は

真珠湾《しんじゅわん》の奇襲《きしゅう》
一九四一年十二月八日の朝、日本軍がハワイの真《しん》珠湾《じゅわん》にあるアメリカ海軍の基地《きち》を宣戦布告《せんせんふこく》をせずに攻撃《こうげき》した。これにより太平洋戦争が始まった

マレー沖《おき》海戦
一九四一年十二月十日、日本軍とイギリス軍がマレー半島東方沖《おき》で戦い、イギリスの新型戦艦《しんがたせんかん》二隻《せき》が撃沈《げきちん》した

シンガポール陥落《かんらく》
当時イギリス領《りょう》だったシンガポールで二倍以上の兵力の連合軍と戦い日本が勝利。その後、シンガポールを治めた。シンガポールの戦いとも呼《よ》ぶ

点数制《てんすうせい》になりました。

学校もますます軍隊化して、ゲートルをまいて通学しなくてはならなくなり、どういう理由なのか、胸《むね》のポケットの上に自分の名前を書いた名札《なふだ》をぬいつけなくてはなりませんでした。

五年生のとき、始めて二週間工場に働きにいきましたが、働いたなどといえるものではありませんでした。まるでお客さん扱《あつか》いで、工場の邪《じゃ》魔《ま》をしに来たようなものでした。昭和十七年という年は、まだそんなふうに、余裕《よゆう》のあった年なのでした。

翌年《よくねん》、高校の試験《しけん》に失敗して、ぼくは予備校《よびこう》に通いました。こんな時代の浪人《ろうにん》生活ほど肩身《かたみ》の狭《せま》いものはありませんでした。その頃《ころ》、国民徴《こくみんちょう》用令《ようれい》といって、ブラブラしている者や、戦争に関係のない仕事をしている者を工場で働かせる制度《せいど》がありました。ぼくの仲間の中にも、これにひっかかって工員にさせられてしまったのがおり、ぼくは徴用令状《ちょうようれいじょう》（これは白紙《しろがみ》とよばれていました）が来るのではないかと、ビクビクしてい

赫々《かくかく》たる　光り輝《かがや》くようにりっぱで目立つ

切符制《きっぷせい》　点数制《てんすうせい》　各家庭に配布《はいふ》された切符《きっぷ》がなければ買い物ができない制度《せいど》。衣料切符《きっぷ》は点数制《せい》で、品物によって点数が決められていた

国民徴用令《こくみんちょうようれい》　戦争に必要な物を生産するための労働力確保《かくほ》を目的とした命令。昭和十四年（一九三九）に公布《こうふ》された

白紙《しろがみ》　軍隊に入る命令の文書(召集令状《しょうしゅうれいじょう》)は、赤い紙が使われたので赤紙と呼《よ》ばれていた。それに対し、徴用令状《ちょうようれいじょう》を白紙と呼《よ》んだ

ました。

しかし、浪人《ろうにん》生活をしてよかったと思ったことがあります。というのは、これまでは上級学校に入ると、卒業まで軍隊に入るのを待っていてくれたのですが、これからは理科の生徒にしか、その特典《とくてん》がなくなったのです。これでは、文科に入ったとしたら、すぐに軍隊にいかなくてはなりません。

ぼくは、軍隊に入ることを身ぶるいするほど恐《おそ》れていました。古兵が新兵をいじめる話は伝説のように広まっていましたが、ぼくの近所に、あまりいじめられ過《す》ぎて頭が変になって家に帰された若者《わかもの》がおり、また大学で空手部《からてぶ》の主将《しゅしょう》をしていた男が軍隊に入り、面会の時、あまりの辛《つら》さに涙《なみだ》をこぼしていたというようなうわさを聞くと、とてもぼくにはそんな生活は勤《つと》まらないような気がしました。

それで、ぼくは理科に入ろうと決心し、昭和十九年四月、W大の理科の予科に入りました。

予科　大学の本科に進学する前に基礎《きそ》を築《きず》く、三年間もしくは二年間の予備《よび》教育機関これまで、教練《きょうれん》と軍隊的教育でいじめ抜《ぬ》かれてきたぼくは、この学校に入ってはじめてホッとしました。ここには生徒をなぐる教師《きょうし》もいなかったし、教練《きょうれん》といってもまるで遊びのように他愛のないものだったのです。

「こんなことで、いいのかしらん。」

ぼくは、ふしぎな気持ちがしました。それから、この学校がすっかり気に入ってしまいました。

でも、学校のまわりはひどく殺風景《さっぷうけい》でした。ショーウインドーになにも飾《かざ》っていない洋服屋や帽子《ぼうし》屋がむやみに目につき、本屋があってもロクな本はなく、古本屋には英書だけが山と積まれていました。

インチキなコーヒーを飲ませる喫茶店《きっさてん》や、へんなものを食べさせる食堂《しょくどう》もあったようですが、ぼくたちに人気《にんき》があったのは雑炊食堂《ぞうすいしょくどう》でした。

たぶん最初の頃《ころ》は、米の雑炊《ぞうすい》を食べさせていたのでしょうが、ぼくの頃《ころ》は短く切った乾《ほし》うどんを塩味でどろどろに煮《に》たものでした。行列を作って待っていると、それを丼《どんぶり》一杯《ぱい》ずつ食べさせてもらえるのです。むろん、お金ははらうから、こちらがお客なのですが、「食べさせてもらう」という感じでした。

文科の生徒と違《ちが》って、理科の生徒にはなるべく勉強をさせようとするのが学校の方針《ほうしん》のようでしたが、それでも何度か勤労動員《きんろうどういん》で働きに出かけました。五月の田植《たうえ》の時分、人手不足に悩《なや》む群馬県《ぐんまけん》の農村に二十日間ぐらい働きにいきました。しかし、それは腹《はら》いっぱい飯《めし》を食わせてもらえる上に、農村の若《わか》い娘《むすめ》たちといっしょに働くのですから、学生たちにはなかなか魅力的《みりょくてき》な仕事でした。七月には空襲《くうしゅう》にそなえて家屋《かおく》の強制取《きょうせいと》り壊《こわ》しがあり、ぼくたちは取《と》り壊《こわ》した家を片《かた》づける作業をしました。この頃《ころ》のメモに、コーヒー二杯《はい》18銭《せん》、氷一杯《ぱい》10銭《せん》・プリンソーダ36銭《せん》などと書いてあるところをみると、まだ飲食店《いんしょくてん》は細々《ほそぼそ》と営業《えいぎょう》していたことがわかります。この時分はまだ空襲《くうしゅう》がなかったので、呑気《のんき》なところもあったのです。

勤労動員《きんろうどういん》
大人の男性《だんせい》が兵士《へいし》として出征《しゅっせい》していて不足した労働力を補《おぎな》うために、学生や女性《じょせい》に工場での作業や農作業が義務《ぎむ》付けられた東京に本格的《ほんかくてき》な空襲《くうしゅう》があったのは十一月二十四日で、十一月に三回、十二月に十二回、翌《よく》二十年は一月七回、二月十回、三月八回、四月十三回……となっています。

三月十日の大空襲《くうしゅう》は焼失家屋《しょうしつかおく》二十七万六千戸、死傷者《ししょうしゃ》九万二千八百人という大きな被害《ひがい》を出しましたが、ぼくの住んでいたところから大部離《はな》れていたので、そのひどさはうわさでしか分かりませんでした。新聞やラジオでは、悲惨《ひさん》な状況《じょうきょう》はほとんど報道《ほうどう》されなかったのです。

空襲《くうしゅう》の恐《おそ》ろしさをほんとうに知ったのは、四月十三日から十四日にかけて、夜間《やかん》の大空襲《くうしゅう》があったときです。

真夜中《まよなか》、無気味《ぶきみ》なサイレンの音を聞いて、ぼくははね起きました。人びとが外でさわいでいるので出てみると、東京の空が真っ赤でした。夜空にはＢ29の巨体《きょたい》がサーチライトの光を浴《あ》びて銀色に浮《う》かび上がり、その巨体《きょたい》めがけて、ちっぽけな日本の飛行機がつっこんでいきます。

「やったあ……。」

B29　アメリカ軍の爆撃機《ばくげきき》。高い所を飛び、日本の飛行機では追いつけなかっただれかが叫《さけ》び、わっと喚声《かんせい》があがりました。

B29の巨体《きょたい》が真二つにさけ、火を吹《ふ》きながら落ちていくのです。それも一瞬《いっしゅん》のことで、ふたたび空はB29の爆音《ばくおん》でおおいつくされたように思えました。

この空襲《くうしゅう》さわぎは夜の十一時から二時までつづき、警戒警報《けいかいけいほう》が解除《かいじょ》されたのは二時五十二分でした。しかし、東京の空は依然《いぜん》として真っ赤でした。

朝、学校にいこうとして駅にいくと、電車が不通だというのです。いつものぼくだったら、これ幸いと休んでしまったと思いますが、その日は、ぼくにとって、どうしても学校にいきたい日でした。というのは、その日は童話《どうわ》の創作《そうさく》研究会のある日で、前の日にぼくの童話《どうわ》が書き上がっていたからです。

ぼくは、この大学に入ったときから、童話《どうわ》の研究会に入っていました。

警戒警報《けいかいけいほう》　爆撃機《ばくげきき》が来るおそれがあるときに鳴らされるサイレン。敵《てき》が近づいていることをしらせる空襲警報《くうしゅうけいほう》とは、ちがう音で伝えられた。警戒警報《けいかいけいほう》が鳴ると明かりが外にもれないように黒い布《ぬの》や厚紙《あつがみ》をかぶせ、空襲警報《くうしゅうけいほう》が鳴ると明かりを完全に消し、防空《ぼうくう》壕《ごう》に避難《ひなん》したここでは週一回創作《そうさく》研究会があって、童話《どうわ》を書いてきた者が自作を朗読《ろうどく》し、みんなの批評《ひひょう》を聞くことになっていました。

あの戦争中、どうして童話《どうわ》など書けたのか、今になってみるとふしぎな気持ちがしますが、ぼくらの仲間は、みんな夢中《むちゅう》で話を書き、入営《にゅうえい》の日が迫《せま》ってもそれをやめませんでした。

ぼくは苦心《くしん》して書き上げた童話《どうわ》を、どうしても仲間に聞いてもらいたいと思いました。そこで、ぼくは電車の走らなくなった線路道を、古ぼけた靴《くつ》の底が抜《ぬ》けないかと心配しながら歩いていきました。

最初のうちは畑の間にポツンポツンと家が建っているのが見えるだけでしたが、線路際《ぎわ》までギッシリ家のたてこんだ大山《おおやま》という駅の付近《ふきん》に来ると、あたり一面どこもここも焼け、まともな家など一軒《けん》も見えませんでした。そして、真っ黒に焼けた材木やトタンの間に、同じように真っ黒い、変なものがあるのです。なんだろうと思って、のぞいて、ぎょっとしました。それは黒こげになった人間なのです。炭になってしまった

入営《にゅうえい》 軍人たちがいる建物（兵《へい》営《えい》）にいくこと。入隊すること

人間なのです。

　さらに先を歩いていくと、ますます多くの死体が、線路のまわりにちらばっていました。火にあぶられて皮膚《ひふ》がピンク色になった、ちょうどマネキン人形のような人間や、足や手だけが黒こげになった人間がいました。よく見ると、その黒こげの足には、ジャムのような血がこびりついていました。

　そのまた先をいくと、今度《こんど》は、まるで眠《ねむ》っているとしか思えないような死体が、いくつも、いくつもならんでいました。みんな防空頭巾《ぼうくうずきん》をかぶり、モンペやゲートル姿《すがた》で、足には下駄《げた》をはいていました。肩《かた》をゆすってやったら、そのまま起きだすのではないかと思うほど、顔色などもふつうと変わらないのです。これは防空壕《ぼうくうごう》の中で窒息《ちっそく》して死んだ人たちの死体なのでした。その中で、母親らしい人に抱《だ》きすくめられたまま死んでいる子どもの姿《すがた》が、いつまでも目に残りました。

　なんともいえぬ、いやな匂《にお》い、どこからともなく降《ふ》ってくる灰《はい》、いま

防空頭巾《ぼうくうずきん》
現在《げんざい》の防災頭巾《ぼうさいずきん》のように布《ぬの》の内側に綿《わた》などがつめられた、頭を守るためのかぶりもの

モンペ
ゆったりとした裾《すそ》を絞《しぼ》った女性《じょせい》用のズボン。動きやすくつくるのも簡単《かんたん》。戦争中は政府《せいふ》による「モンペ普及《ふきゅう》運動」があり、ほぼ強制的《きょうせいてき》に着用した

防空壕《ぼうくうごう》
崖《がけ》や斜面《しゃめん》をほるなどしてつくられた、爆撃《ばくげき》から避《ひ》難《なん》するための穴《あな》や建物《たてもの》

だにくすぶりつづけている煙《けむり》と、舌《した》なめずりしているようにチロチロ燃《も》え上がる炎《ほのお》、まるで地獄《じごく》を思わせる風景の中をぼくは必死に歩きつづけました。

こんな光景は見たくもなかったのです。ところが、目をそむけようとしても、あちらにもこちらにも死体はころがっていて、どうしても見ないわけにはいきませんでした。

中でも、ぎょっとしたのは、リヤカーを引いたままの姿《すがた》で焼けている人間でした。たぶん、リヤカーに必要な荷物を積んで逃《に》げだしていくところを、いきなり火に囲《かこ》まれたのでしょう。

前の男は、かじ棒《ぼう》をにぎったまま、後の女はリヤカーを押《お》した姿勢《しせい》で、そのまま焼けこげていました。そして、リヤカーの上に積《つ》んであった荷物は、すっかり灰《はい》になって、なに一つありませんでした。

池袋《いけぶくろ》から山手線《やまのてせん》に乗り換《か》えて、二つ目の高田馬場《たかだのばば》という駅で降《お》りて学校へいくのですが、この山手線《やまのてせん》も走ってはいませんでした。そこで、ぼくは歩き通しに歩いて、やっと学校に着きました。ありがたいことに学校も、学校の付近《ふきん》も焼けてはいませんでした。いつもの街と、ふだんと変わらぬ学校の建物《たてもの》を見たときのぼくはなんともいえぬふしぎな感動を受けました。

その日は、むろん授業《じゅぎょう》などできなかったにちがいありません。構内《こうない》がヘンにもの淋《さび》しく、学生の姿《すがた》がチラホラ見えたことだけを、はっきりと覚えています。

創作《そうさく》研究会が始まるのは一時からでした。ぼくは、その一時に少し遅《おく》れて文学部地下の会室にいきました。

「やっぱり……。」

ぼくは、だれの姿《すがた》も見えない会室を見て、がっかりしました。しかし、考えてみれば、こんな日に創作《そうさく》研究会があると思っていたぼくが、愚《おろ》かだったのかも知れません。

十五キロの道を歩きつづけてきた疲《つか》れがきゅうに出てきて、ぼくは薄《うす》暗《ぐら》い会室のベンチに坐《すわ》りこみました。すると、さっき見た焼死体《しょうしたい》の数々《かずかず》がぼくの目に浮《う》かび、そこに自分の死体がかさなり合いました。

それから、どのくらい経《た》ったでしょう。突然《とつぜん》、ドアがあいて一年先輩《せんぱい》のNさんが入って来ました。すると、とたんに、ぼくは元気が出て、昨夜《さくや》の空襲《くうしゅう》のものすごさを話し合いました。

「もう、だれも来ないようだね。じゃ、研究会を始めようか。」

しばらくして、Nさんがいいました。

それから、窓《まど》の方を見て、また、いいました。

「きょうは、もう、空襲《くうしゅう》はあるまい。屋上《おくじょう》でやろうよ、いい天気なんだもの。」

なるほど、その日はいかにも春の来たことを思わせる暖《あたた》かい日でした。屋上から見上げると、空はどこまでも青くすみわたっていて、雲一つ見えません。

ぼくたちは、この屋上で、たがいに自分の童話《どうわ》を読み合い、批評《ひひょう》をし合いました。

ぼくたちが金町《かなまち》の消防署《しょうぼうしょ》に配属《はいぞく》されたのは、たぶん、このすぐあとだったと思います。消防署《しょうぼうしょ》も人手が足《た》りなくなって、ぼくたち学生が消火を手伝うことになったのです。

ぼくたちは空襲《くうしゅう》で火災《かさい》が起きたら消防車《しょうぼうしゃ》でかけつけ、ホースをにぎって火を消すことになっていました。

でも、ホースの水なんかで空襲《くうしゅう》の火が消せるものでしょうか。それどころか、まわりじゅうから火に囲《かこ》まれ、ぼくたちの命はとても助からないだろうと思われました。

幸いなことに、火事一つ起こらないうちに期限《きげん》がきて、ぼくたちは、また学校に戻《もど》りました。

学校の授業《じゅぎょう》で、一つだけ印象《いんしょう》深いことがありました。英語の時間、イギリスの学者の論文《ろんぶん》を読んでいると、こんな文章にぶつかりました。

「やがては人類を破滅《はめつ》させるような強力な武器《ぶき》が発明されるだろう。そして、そうなったとき、はじめてこの地球に平和がやって来るにちがいない。……」

ぼくは、なるほどと思い、peace《ピース》（平和）という文字を、しみじみ見つめました。平和、戦争のない時代、それはどんな状態《じょうたい》なのだろう。そのときのぼくには、いくら想像《そうぞう》しようとしても、想像《そうぞう》できませんでした。なにしろ、ぼくが物心ついて以来、日本はずっと戦争をつづけていたからです。

しばらく学校で勉強をつづけてから、ぼくたちは調布《ちょうふ》の飛行場の建設《けんせつ》にかりだされ、兵隊の指揮《しき》で真っ黒になって働きました。

しかし、いま思い返しても、その労働をあまり辛《つら》いと感じなかったのはどうしたわけでしょう。

それどころか、三時に醤油《しょうゆ》をまぶした大きなにぎりめしが配給されて、それがひどくうまかったことと、この労働のために配給米が特別に四合《ごう》もらえることになって、ぼくの家では大助《おおだすか》りしたことしかおぼえていま

配給
物資《ぶっし》が不足したため、割《わ》り当てて配る制度《せいど》。通《つう》常《じょう》は家の近所十軒《けん》ほどの隣組《となりぐみ》を通して配られた。米はとくに不足してほとんど配給されなくなっていた

せん。
四月一日　米軍沖縄《べいぐんおきなわ》本島に上陸
四月五日　小磯内閣総辞職《こいそないかくそうじしょく》
四月三十日　ヒットラー自殺《じさつ》
五月七日　ドイツ無条件降伏《むじょうけんこうふく》

新聞がどんなに威勢《いせい》のいいことを書いても、もう日本がすっかり追いつめられていることは、だれの目にもはっきりしていました。

ドイツが負けてから、新聞は連日のように米英《べいえい》ソ連《れん》の占領軍《せんりょうぐん》が、ドイツの国民をどんなにむごく取り扱《あつか》っているかを書きたてました。

日本も負けるかも知れない、ぼくはそう考え、あわててその考えを打ち消しました。そう考えることが、ひどく恐《おそ》ろしかったのです。

もうその頃《ころ》には東京《とうきょう》の街《まち》のほとんどが焼け、ときどきやって来る小型《こがた》の飛行機が、面白半分《おもしろはんぶん》という感じで銃撃《じゅうげき》してきましたが、なぜか日本の飛行機は一機も飛びたちませんでした。

ヒットラー自殺《じさつ》
ヒットラー（ヒトラー）はドイツ首相で独裁的《どくさいてき》な政治《せいじ》を行い、第二次世界大戦に導《みちび》いた。敗戦が濃厚《のうこう》になると、ベルリンで自殺《じさつ》した

ドイツ無条件降伏《むじょうけんこうふく》
ドイツの首都ベルリンが攻《せ》め落とされ、ドイツは連合国に対して何も条件《じょうけん》をつけずに敗戦を認《みと》めた。これによってヨーロッパの戦争が終結することになった

ソ連
現在《げんざい》のロシア

ある日の学校帰り、ぼくは池袋《いけぶくろ》から電車に乗って、ぼんやり窓《まど》の外を見ていました。以前の空襲《くうしゅう》の焼けあとには、ところどころ壕舎《ごうしゃ》と呼《よ》ぶ掘《ほっ》立小屋《たてごや》が出来ていて、そこに人が住んでいました。

駅員風の男が、その壕舎《ごうしゃ》の一つに帰っていくと、壕舎《ごうしゃ》からよちよち歩きの子どもが出て来て男に抱《だ》きつき、男はやさしく子どもを抱《だ》き上げました。ちょうど沈《しず》んでいく夕日を背景《はいけい》にして、二人の姿《すがた》が影絵《かげえ》のようにクッキリと見えます。それは、ごくあたりまえの親子の風景でした。でも、そのときのぼくは、それを見ながら、あやうく涙《なみだ》ぐみそうになりました。

八月六日、広島に原子爆弾《げんしばくだん》が投下されると、さすがの新聞も、広島に投下された新型爆弾《しんがたばくだん》の被害《ひがい》はかなり大きいと書きました。その二日後、ソ連が対日宣戦《せんせん》を布告《ふこく》し、日本の敗北《はいぼく》も目の前に迫《せま》ったように思えました。

でも、そう思ったのは、ごく一部の人たちだけだったのかも知れませ

壕舎《ごうしゃ》
敵《てき》の襲撃《しゅうげき》に備《そな》えて地面を掘《ほ》り下げてつくった建物

掘立小屋《ほったてごや》
基礎《きそ》工事をせずに、土に直接《ちょくせつ》柱を立ててつくった小屋。粗末《そまつ》な建物

対日宣戦《せんせん》
ソ連（現在《げんざい》のロシア）が日本に宣戦布告《せんせんふこく》し、翌日《よくじつ》始めた戦い。日ソ戦争ともいう。当時、日本はソ連と中立条約《じょうやく》を結んでいたが、ソ連はこれを一方的に破棄《はき》した

ん。というのは、八月十四日のラジオが明日の正午、重大放送があるからぜひ聞くように、と告《つ》げたとき、天皇《てんのう》が国民を激励《げきれい》するためにマイクの前に立つのだと信じきっていた者がかなり大勢《おおぜい》いたからです。

ぼくたちは、八月十五日から立川《たちかわ》の飛行機工場で泊《と》まりこみで働くことになっていました。それで、十四日の日は毛布《もうふ》とか、手拭《てぬぐ》い、歯ブラシなど身の回りの品を準備《じゅんび》していましたが、その知らせを聞いて、負けたのだと思い、準備《じゅんび》をやめてしまいました。

十五日には、もちろん飛行機工場にはいきませんでした。

その日も、ひどく天気のよい日で、やかましく蟬《せみ》がなきたてていました。

正午、君が代の奏楽《そうがく》のあと、生まれて始めて天皇《てんのう》の声を聞き、それからアナウンサーが感情《かんじょう》を必死にこらえながら、「日本は無条件降伏《むじょうけんこうふく》をしたのです。」というのを聞いたとき、ぼくの目に涙《なみだ》があふれてきました。

家の外では、近所の子どもたちが自分の国が負けたことも知らずいつ

無条件降伏《むじょうけんこうふく》
何も条件《じょうけん》をつけずに降伏《こうふく》すること。日本が敗戦を認《みと》めて、太平洋戦争が終わることになった

ものとおり遊んでいました。あの子どもたちは、いったい、これからどうなってしまうんだろう、とぼくは思いました。

……………

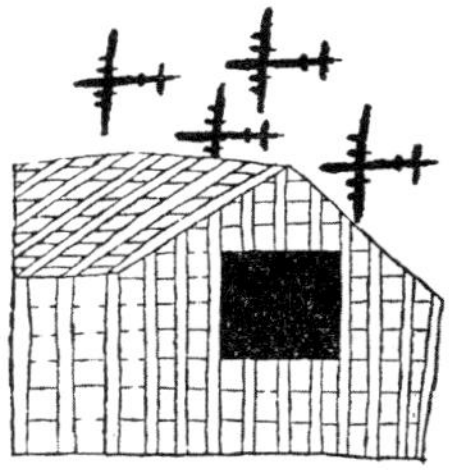

いちばん空と海が青かった日

古田足日《ふるたたるひ》

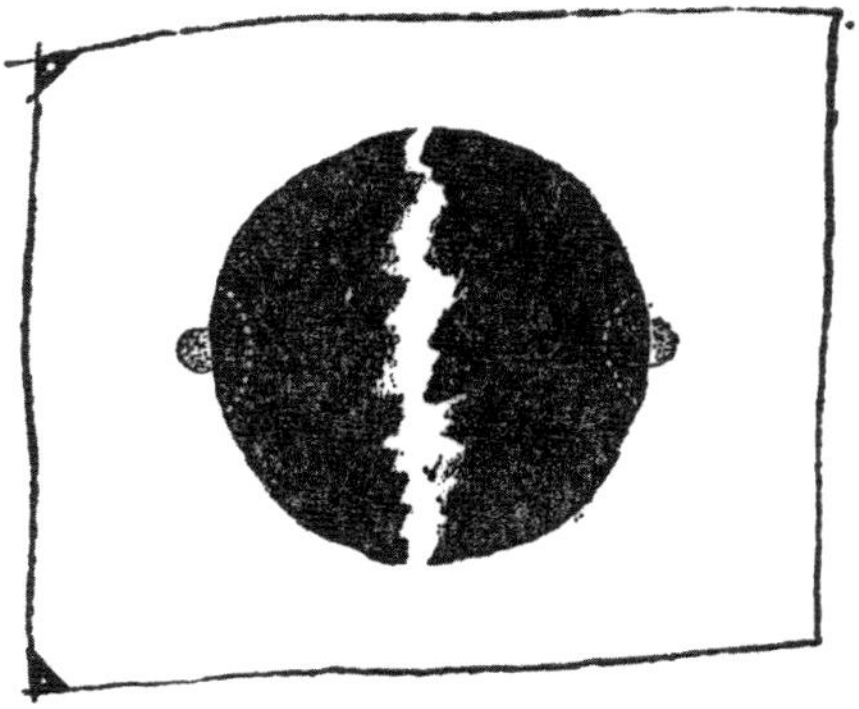

昭和二十年八月十五日のことを書いて、現在《げんざい》の少年少女に当時のぼくの気持が伝わるかどうか、ぼくにはまったく自信がない。だから、この文章は少年少女のことは考えないで書く。

それから、もう一つことわっておきたいのは、個人《こじん》の実感《じっかん》、体験《たいけん》を書きこんでいくことは、一方では全体的《ぜんたいてき》な視野《しや》を失《うしな》わせる場合がある。当《とう》時《じ》十七歳《さい》の少年であったぼくの心情《しんじょう》を忠実《ちゅうじつ》に記録《きろく》すればするほど、その視野《しや》はせまくなってくるだろう。そこではあきらかな欠陥《けっかん》――日本全体が中国、東南アジアに対して侵略者《しんりゃくしゃ》、加害者《かがいしゃ》であったという面の脱落《だつらく》が生じてくる。

その重大《じゅうだい》な脱落《だつらく》がおこり得《う》ることを前提《ぜんてい》として、この文章を書く。

ぼくは昭和二年生まれで、昭和五十年のいま、四十七歳《さい》。

昭和二十年八月十五日は、このぼくのいままでの人生のなかで、いちばん空が青く、いちばん海が青い日であった。

その日をそう感じたのは、敗戦《はいせん》という衝撃《しょうげき》のなかで、それまでぼくのなかにつちかわれてきた天皇《てんのう》と祖国《そこく》への思いが、もっとも純粋《じゅんすい》なかたちで結晶《けっしょう》したからではなかったろうか。そのときのぼくは、全身、祖国《そこく》への哀惜《あいせき》のかたまりであった。

ふりかえってみると、十五日前後の記憶《きおく》はそれほど明瞭《めいりょう》ではない。細《さい》部《ぶ》があちこち脱落《だつらく》している。

ただ一つ、くっきりとあきらかなのは、ぼくは大阪浜寺《はまでら》海岸の沖《おき》で、ひろがる青空の下、まっさおな海の上に体を浮《う》かべたまま、死んでしま

哀惜《あいせき》
悲しみ惜《お》しむこと

いたいと思っていたことである。

だが、やがていのちおしさがゆっくりと体のなかからこみ上げてき、同時に、ぴりりと電流のようなものがぼくの体を走った。

――よし、おそれおおいが、天皇《てんのう》をなきものにしたてまつって、新しい天皇《てんのう》の下、徹底的《てっていてき》に抗戦《こうせん》しよう。

ぼくはふたたび海岸へ泳《およ》ぎ帰った。ぼくは当時、大阪外事専門学校《せんもんがっこう》（現在《げんざい》の大阪外語大）ロシア科の一年生であり、浜寺《はまでら》海岸へは製塩《せいえん》のため、その前日（あるいは前々日《ぜんぜんじつ》か）きたばかりであった。

ぼくの世代《せだい》は勤労動員《きんろうどういん》の世代《せだい》である。中学三年のときから農村《のうそん》の田植《たうえ》、稲刈《いねかり》、麦刈《むぎかり》、農地改良工事《のうちかいりょうこうじ》、それから飛行場建設《けんせつ》というようにあちこちで働き、四年二学期からは、全校の三年生以上、いっせいの工場動員《どういん》で、工場へ出勤《しゅっきん》するようになった。

農村《のうそん》の作業《さぎょう》はたのしかったが、その後の動員《どういん》はそうではない。ぼくは

大阪外事専門学校《せんもんがっこう》
現在《げんざい》は大阪大学と統合《とうごう》している。一九二一年に創立された大阪外國語《がいこくご》学校が、一九四四年に大阪外事専門学校と改称《かいしょう》。一九四九年に大阪外国語大学（大阪外語大）が設置されたのち大阪外事専門学校は廃止《はいし》となった

勤労動員《きんろうどういん》
大人の男性《だんせい》が兵士として出征《しゅっせい》していて不足した労働力をおぎなうために、工場での作業や農業が義《ぎ》務付《むづ》けられた

いっせい工場動員《どういん》のとき、身体検査《けんさ》で肺浸潤《はいしんじゅん》を発見され、しばらく学校内の作業《さぎょう》に従事《じゅうじ》したあと、新居浜市《にいはまし》にある住友鉄道《すみともてつどう》へ行って、保線《ほせん》の仕事をやった。

ある雨の日、外での作業《さぎょう》がやれず、ぼくたちは屋内で、ガラクタをほうりこんだ木箱《きばこ》のなかみをぶちまけて、整理した。数日たって、また雨、おなじく整理の作業だったが、気がつくと、その箱もなかみも、数日前やったのとおなじではないか。ぼくは抗議《こうぎ》した。

「ぼくたちは陛下《へいか》のために動員《どういん》にきてるんです。こんなあほなことやらせるんなら、こない方がましです。」

思ったことの十分の一もいえなかったが、ぼくはこの動員《どういん》の仕事が、天皇《てんのう》と祖国《そこく》日本と八紘一宇《はっこういちう》の理想《りそう》につながることを信じていた。だから、ぼくは怒《いか》りに燃《も》えていた。

数日たって、ぼくは西条市《さいじょうし》の倉敷絹糸《くらしきけんし》の工場に配置《はいち》がえになった。もともと西条《さいじょう》から西のぼくの郡《ぐん》の友だちは、この倉絹《くらけん》に動員《どういん》されており、

肺浸潤《はいしんじゅん》
肺《はい》に結核菌《けっかくきん》が侵入《しんにゅう》したときに防衛反応《ぼうえいはんのう》としてみられる病巣《びょうそう》

八紘一宇《はっこういちう》
天下をひとつの家のようにすること。日本が海外侵略《しんりゃく》を正当化する標語《ひょうご》として使っていた

ぼくの住友鉄道《すみともてつどう》行きはちょっとおかしかった。ぼくは友だちと再会《さいかい》し、うれしかった。

ところが、それもしばらくのあいだであった、と思う。ぼくはまたまた配置《はいち》がえになった。行先《ゆくさき》は海抜《かいばつ》六〇〇メートル（といったか）のところにある、住友《すみとも》の小さい農場《のうじょう》である。配置《はいち》がえになるとき、先生はいった。「体の弱い者に山に上がってもらって、健康《けんこう》な体にさせるんだ。」

だが、そのメンバーを見ておどろいた。三年以上六〇〇人の全校生徒のなかから、八人であったか、十人であったかが選抜《せんばつ》されていた。すべて札《ふだ》つきの連中《れんちゅう》であった。もっとも、ぼくも札《ふだ》つきではあったけど。

山に登った日、引率《いんそつ》の、やはり体の弱い先生はいった。「おまえたち、じつは他人の勤労意欲《きんろういよく》を阻害《そがい》する者としても、えらばれたんだぞ。古田は住友鉄道《すみともてつどう》のことを思いだせよ。」

ぼくはタバコは吸《す》っていたし、上級生とも何度もけんかし、配属将校《はいぞくしょうこう》にもさからい、まさしく〝不良〟でもあったが、「勤労意欲《きんろういよく》を阻害《そがい》する

札《ふだ》つき
悪い評判《ひょうばん》がついていること。よい評判《ひょうばん》の場合は折り紙つきという

将校《しょうこう》
軍の階級のひとつ。戦闘《せんとう》部隊《ぶたい》の指揮《しき》や統率《とうそつ》にあたる幹部《かんぶ》

者」というのは、はなはだ心外《しんがい》であった。ぼくはただ天皇《てんのう》のために働く、ぼくたちの気持をないがしろにした職場責任者《しょくばせきにんしゃ》にむかって抗議《こうぎ》しただけのことではなかったか。

しかし、ぼくは思った。陛下《へいか》の大御心《おおみこころ》はぼくの気持をかならずお察《さっ》しになっているにちがいない、と。


大阪外語に入学しても、ぼくはすぐには学校へ行けなかった。もとの動員《どういん》先で二カ月働き、六月になって大阪へ行き、校舎《こうしゃ》の焼けあとを整理したあと、宇治造兵廠香里分場《うじぞうへいしょうこうりぶんじょう》へ動員《どういん》された。

ここの仕事は、ひらべったい箱《はこ》のなかに布《ぬの》をしき、その布《ぬの》の上に火薬《かやく》をぶちまけ、それを布《ぬの》いっぱいにひろげて、ならしていくことであった。

作業場《さぎょうじょう》は大きい建物《たてもの》のなかではなく、小さい丘《おか》や林がある広い敷地《しきち》のあちこちに建《た》てられた、小さい建物《たてもの》のなかであった。人が持たない六〇キロの火薬《かやく》の箱を、ぼくはひとりでかつぎ上げて運《うん》ぱんした。肩《かた》にくい

造兵廠《ぞうへいしょう》
武器《ぶき》や弾薬《だんやく》などの設計《せっけい》、製造《せいぞう》、修理《しゅうり》などを行う役所や工場

こむ重さによろけながら、ぼくは「陛下《へいか》、臣《しん》・足日《たるひ》働いています。」と、心のなかでいった。

ぼくたちの体は黄色火薬《かやく》でたちまち黄色に染《そ》まり、風呂《ふろ》で洗《あら》ったぐらいでは落ちなかった。休みの日、ぼくは、布施市《ふせし》にある父の知人の家――ぼくを下宿《げしゅく》させてくれていた――に帰って、その家の人から「あんた、おうだんじゃないの。」と、心配そうにいわれたことがある。

おなじ動員先《どういんさき》に女子専門《せんもん》学校の生徒もきていて、ぼくたちは敷地《しきち》のなかを隊列《たいれつ》を組《く》んで行進するとき、彼女《かのじょ》たちと出あうのをたのしみにしていたが、その女学生たちもやはり黄色く染《そ》まっていた。ある日、友だちが「女の子がかわいそうに。黄色くなって。」といった。ぼくははっと胸《むね》をつかれ、陛下《へいか》は民《たみ》のこの労苦《ろうく》をいとおしんでいらっしゃるにちがいない、と思った。

命令がきた。「本造兵廠《ぞうへいしょう》の自給自足のため、浜寺《はまでら》へ行って塩をつくれ。」ぼくたちはトラックで出発した。そして、翌日《よくじつ》松林のなかで玉音《ぎょくおん》

臣《しん》
けらい。主君に仕える人

おうだん（黄疸《おうだん》）
血液《けつえき》中にビリルビン（胆《たん》汁色素《じゅうしきそ》）が増《ふ》えて、皮膚《ひふ》や目の白い部分が黄色くなる病気。かゆみやだるさなどの症状《しょうじょう》が出ることもある

玉音放送《ぎょくおんほうそう》
天皇《てんのう》が終戦を国民に伝えたラジオ放送

放送《ほうそう》をきいた。

雑音《ざつおん》の多い放送は意味不明で、ひとりが新聞《しんぶん》を借《か》りてきた――と思う。はじめて見る空白《くうはく》だらけの新聞《しんぶん》である。そこにははっきりとポツダム宣《せん》言受諾《げんじゅだく》のことが書いてあった。

――そうか。日本は負けたのか。

ぼくは松林のなかで、天地が静まりかえるのを感じた。流れる涙《なみだ》のうちに、ぼくは大地の声をきいた。「日本は死んだ。光輝《こうき》ある日本は死んだ。」と、大地は泣《な》き、松林も泣《な》いた。なんという静けさ、地球は動くのをやめ、「日本は死んだ、日本は死んだ。」無数の声が、音もなく、耳にこだました。鳥も虫も、地の霊《れい》も、草もすすり泣《な》いた。

ぼくは海にむかって走りだし、シャツをぬぎすて、ズボンをぬぎ、沖《おき》へむかって泳《およ》ぎだした。友だちも泳《およ》ぎ、抜《ぬ》きつ抜《ぬ》かれつ、ぼくはいちばん沖《おき》に出た。

日本の死とともにぼくも死のう、このうるわしい山河《さんが》が、紅毛《こうもう》、碧眼《へきがん》

ポツダム宣言《せんげん》
イギリス、アメリカ、中国の連名で日本に対して出された無条件降伏《むじょうけんこうふく》を求める声明

紅毛《こうもう》、碧眼《へきがん》
赤い髪《かみ》の毛、青い眼《め》の人という意味で、西洋人のこと

の夷狄《いてき》の軍靴《ぐんか》に踏《ふ》みにじられるのを、見るくらいなら、と思った。ぼくは背泳《はいえい》のかたちになって、空を見上げてただ泳《およ》いでいた。

――陛下《へいか》。陛下《へいか》はなぜ降服《こうふく》なさったのですか。陛下《へいか》は、忍《しの》びがたきを忍《しの》んでとおっしゃった。では、なぜぼくたちは汗《あせ》を流し、肩《かた》にくいこむ火薬《かやく》をせおって働いたのですか。

ぼくはまぼろしの天皇《てんのう》にむかってぼくの疑問《ぎもん》をなん度もなん度もくりかえした。しかし、心の中の天皇《てんのう》は答えなかった。そのときである。びりびりと電流が体を走ったのは。

――よし、祖国《そこく》のため、天皇《てんのう》をなきものにしたてまつろう。皇太子《こうたいし》殿下《でんか》を天皇《てんのう》にいただき、日本民族、さいごのひとりまで夷狄《いてき》のやからとたたかうのだ。

泳《およ》ぎ帰ったぼくは、おなじロシア科の連中《れんちゅう》にきいた。「これからどうする?」ぼくとおなじく六〇キロをかついでいたSが答えた。「徹底抗《てっていこう》

夷狄《いてき》 未開の民《たみ》や外国人。野《や》蛮《ばん》な民族

戦《せん》だ。」「よし、やろう。」とNがいった。ほかの連中《れんちゅう》はだまっていた。ぼくとSとNは相談《そうだん》した。東京へ行って、おそれおおいが天皇《てんのう》をおしこめたてまつる。それでもだめなときには、さいごの手段《しゅだん》に訴《うった》えよう。さいごの手段《しゅだん》とはいうまでもなく、天皇《てんのう》をなきものにしたてまつることである。

しかし、いずれにせよ、荷物のおいてある香里《こうり》の寮《りょう》へ帰らなければならぬ。かってに解散《かいさん》してしまっては、まだ軍法会議《ぐんぽうかいぎ》は存在《そんざい》しているから処罰《しょばつ》される、といううわさがどこからともなく伝わってきている。

帰りは電車であった。その車内のいったいどのあたりであったろうか。つり革《かわ》につかまっているぼくのとなりに、二十五、六かと思われるわかいおばさん——それはおねえさんではなく、結婚《けっこん》している人と見えた——がいて、話しかけてきた。

「あんた、どこの学校？」

「外語です。」

軍法会議《ぐんぽうかいぎ》 軍隊の法律違反《ほうりついはん》の疑《うたが》いがある軍関係者を裁《さば》く特別裁判所《さいばんしょ》

「どこへ帰るの？」

「香里《こうり》の寮《りょう》なんです。」

すると、おばさんはぼくに顔をすりよせるようにして、ささやいた。

「寮《りょう》なんか帰るのやめて、うちへきやへん。あまあいおしるこ、いっぱいあるわよ。だれもいてへんし。」

おばさんの息《いき》がぼくのほおにかかって、ぼくは赤くなった、胸《むね》がどきどきした。行けば、もしかしたら、と思った。生まれてはじめて、女の人の体にさわることができるかもしれない。それに、おしるこがある。ああ、あまいものは、長いあいだ、たべてないなあ。行ってみるか——。

ああ、だけど、天皇《てんのう》。ぼくは白馬《はくば》に乗った天皇《てんのう》の姿《すがた》を思い浮《う》かべた。こんど白馬《はくば》にまたがるのはあの天皇《てんのう》ではなくて、ぼくより年下の皇太子《こうたいし》である。目の奥《おく》に浮《う》かぶその少年天皇《てんのう》の姿《すがた》をじっとみつめた。天皇《てんのう》か、女性《じょせい》とおしるこか。

「ね、きやはる？」

不忠《ふちゅう》
国家や君主に対してつくそうとせず、忠義《ちゅうぎ》に欠けること

瑞穂《みずほ》の国
みずみずしい稲穂《いなほ》が実る国という意味で、日本をほめていう言葉

おばさんはもう一度いった。ぼくの背《せ》すじがしゃんとのびた。ああ、不忠《ふちゅう》の臣《しん》、足日《たるひ》。この瑞穂《みずほ》の国が夷狄《いてき》の軍靴《ぐんか》に踏《ふ》みにじられようとするのに、陛下《へいか》と、女、おしるこをはかりにかけるとは、なにごとか！　臣《しん》、足日《たるひ》、一時《いっとき》たりとも迷《まよ》ったことを、深く皇祖皇宗《こうそこうそう》、八紘一宇《はっこういちう》の理想《りそう》のために大東亜《だいとうあ》の天地に散《ち》った、数々《かずかず》のみたまにおわびたてまつる。

ぼくは答えた。

「すみません、やはり香里《こうり》へ帰ります。」

「そう…残念やわねえ。」

ふっと、ぼくはふしぎに思った。この電車に乗っていて、ぼくは機銃《きじゅう》掃射《そうしゃ》にあったことがある。低空《ていくう》を飛行してくるグラマンの座席《ざせき》に、赤鬼《あかおに》のような敵兵《てきへい》がいるのが見えた。ところが、いまはおしるこを、はじめてあった学生にごちそうしようとする女性《じょせい》がいる。

まったくチグハグな感じであった。

皇祖皇宗《こうそこうそう》
天照大神《あまてらすおおみかみ》に始まる歴代《れきだい》の天皇《てんのう》

大東亜《だいとうあ》
東アジアから東南アジア。太平洋戦争で、激《はげ》しい戦場になった場所

みたま（御霊《みたま》）
神様や亡《な》くなった人の霊《れい》を尊敬《そんけい》して呼《よ》ぶ言葉。戦死した人の魂《たましい》

機銃掃射《きじゅうそうしゃ》
銃《じゅう》で敵《てき》をなぎ払《はら》うように射撃《しゃげき》すること

グラマン
アメリカ海軍の戦闘機《せんとうき》。航空母艦《こうくうぼかん》から飛び立って日本中の都市を機関銃《きかんじゅう》で攻撃《こうげき》した

その日は十六日だったのだろうか。寮《りょう》に帰ったぼくたちは、また新しい情報《じょうほう》を耳にした。大阪港天保山《てんぽうざん》に米兵十万上陸《じょうりく》、東京では反乱《はんらん》をはかった軍隊鎮圧《ちんあつ》。前者の情報《じょうほう》はまもなくデマだとわかり、後者は新聞《しんぶん》を見て事実とわかった。

SとN、ぼくの三人はふたたび相談《そうだん》した。

「東京へ行っても、これじゃあかんな。」

「そやな。」

うでぐみをしたSはいった。

「しかたがない。死んで護国《ごこく》の鬼《おに》となろう。切腹《せっぷく》だ。」

Sもぼくもうなずいた。Nは手紙であったか、ノートの紙であったかに、「われわれ三人、死んで護国《ごこく》の鬼《おに》となる」という意味の文章を書き、三人がそれに血判《けっぱん》を押《お》すことになった。最初に小指にかみそりをあてたのは、ぼくであったように思う。ちくりと痛《いた》く、ぼくは切腹《せっぷく》するときはもっと痛《いた》いじゃろなあ、と思った。

デマ
事実ではないうわさ。政《せい》治的《じてき》な目的で、わざと流すうその情報《じょうほう》

護国《ごこく》の鬼《おに》
戦死など、国を守るために亡《な》くなった人

血判《けっぱん》
名前を書いた下に、指先を切って血を出して押《お》し、指のあとをつけたもの。必ず約束を守るという強い意思の証明《しょうめい》

その日一日、ぼくは切腹《せっぷく》するときの痛《いた》さを思い、思い、すごした。死ぬということはほとんど考えなかったが、夜になり、寝床《ねどこ》にはいってはじめて、二、三日すると、ぼくはこの世からいなくなるんだ、ということを思いついた。

――しもた、こんなことになるんなら、死ぬ前にあのおばさんのうちに行って、おしるこたべて、おばさんにさわってみるんだった。

ぼくはねられなかった。となりのふとんでNが腹《はら》ばいになり、シケモクに火をつけた。Sもぼくも起《お》き上がり、それぞれシケモクを吸《す》った。三人ともだまっていた。

翌日《よくじつ》、「死にたくない」と、ぼくはいおうと思った。目の前のあのおばさんの産毛《うぶげ》の生えた顔がちらつき、熱い息《いき》がほおにかかるのを感じた。しかし、天皇《てんのう》、おお皇太子殿下《こうたいしでんか》、お教えください。臣《しん》、足日《たるひ》、どうすればよいのでしょうか。

シケモク
いちど火の消えたタバコ。他人の吸《す》いがら

すると、Nがおずおずといった。

「おれ、考えたんやけどな、天皇陛下《てんのうへいか》も死にはれへんやろ。おれたち、陛下《へいか》といっしょに行動するのが、ほんとの道やなかろか。」

Sが答えた。

「そうだ、考えなおそう。死んだつもりで、生きて護国《ごこく》の鬼《おに》となろう。」

ぼくはほっとした。SもNもほっとしたようであった。

ほっとするとともに、ぼくは正座《せいざ》して、東にむかって頭を下げた。

「陛下《へいか》。皇太子殿下《こうたいしでんか》。生きて、祖国再建《そこくさいけん》のためにガシンショウタンすることを誓《ちか》います。」

SもNも頭を下げた。

しばらくの沈黙《ちんもく》のあと、Sはいった。

「国破《やぶ》れて山河《さんが》あり。人も残るか。」

ぼくたちは放心《ほうしん》したように窓《まど》の外のセミの声にききいっていた。

ガシンショウタン
臥薪嘗胆《がしんしょうたん》。復讐《ふくしゅう》や目的を成しとげるためならどんな苦労も耐《た》える、という意味の中国の故事成《こじせい》語《ご》

八月二十日だったろうか。ぼくはうちに帰った。母親がいった。

「足日《たるひ》はいっしょうけんめいじゃったけん、切腹《せっぷく》せえへんかおもて、心配しよったんぞね。」

「うん、切腹《せっぷく》やか、せえへん。」

ぼくは二階《かい》に上がって泣《な》いた。天皇《てんのう》のために泣《な》いているのか、母のために泣《な》いているのか、ふがいない自分のために泣《な》いているのか、わからなかった。

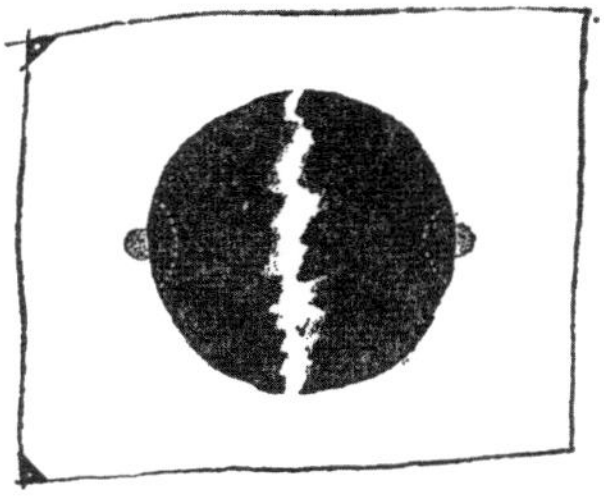

国破《やぶ》れて山河《さんが》あり
中国の詩人杜甫《とほ》の詩「春望《しゅんぼう》」の一節。戦争によって国は破壊《はかい》されても山や川は昔と変わらないという意味で、人間のおろかな行いが自然の前ではいかに無意味でむなしいかを嘆《なげ》いている

戦争に関する言葉

戦争中や戦後に使われていた言葉、戦争や平和に関する用語の意味です。

赤紙《あかがみ》　軍務《ぐんむ》につく命令を伝える召集令状《しょうしゅうれいじょう》。赤い用紙が使われたため赤紙と呼《よ》ばれた。

暗殺《あんさつ》　おもに政治的《せいじてき》な影響力《えいきょうりょく》がある人を、ひそかに殺害《さつがい》すること。

慰問《いもん》　兵士《へいし》を励《はげ》まし応援《おうえん》すること。

慰問袋《いもんぶくろ》　戦地の兵士《へいし》に、日用品や娯楽《ごらく》用品、お守り、手紙などを入れて送る袋《ふくろ》。

衛生兵《えいせいへい》　医療《いりょう》に関する業務《ぎょうむ》を担当《たんとう》した兵士《へいし》。

営庭《えいてい》　兵士《へいし》が居住《きょじゅう》している営所《えいしょ》のなかの広場。

演習《えんしゅう》　実戦や非常時《ひじょうじ》を想定して行う訓練。

應召袋《おうしょうぶくろ》　召集令状《しょうしゅうれいじょう》、勲章《くんしょう》、印判《いんばん》など、軍隊生活に必要なものを収納《しゅうのう》しておくための口を紐《ひも》で閉《と》じられる袋《ふくろ》の海軍での呼《よ》び方。

階級《かいきゅう》　軍隊における上下関係と指揮系統《しきけいとう》の格付《かくづ》け制《せい》度《ど》。陸海軍による差があり、時期によっても大きくことなるが、「士官《しかん》」「下士官《かしかん》」「兵」の大きく三つに区分される。

学童疎開《がくどうそかい》　空襲《くうしゅう》からのがれるために、子どもだけが親元から離《はな》れて学校単位で安全な地方の農村などに移《うつ》り住むこと。集団疎開《そかい》。

学徒出陣《がくとしゅつじん》　太平洋戦争の終わりごろは、戦局の悪化による兵力不足を補《おぎな》うため、大学、高等専門《せんもん》学校などの学生が在学中《ざいがくちゅう》でも出征《しゅっせい》した。数万人もの学生が学業半ばで出陣《しゅつじん》したといわれる。

学徒動員《がくとどういん》　働き手が足りなくなり、中等学校以上の学生が、生産の増強《ぞうきょう》や労働力を補《おぎな》うために工場などで強制的《きょうせいてき》に働かされた。

学徒兵《がくとへい》　学徒出陣《がくとしゅつじん》で、学校に籍《せき》を置いたまま戦争に動員された学生の兵士《へいし》。

神風《かみかぜ》　神の威力《いりょく》によっておこる風。運に恵《めぐ》まれてうまくいくことを「神風が吹《ふ》く」という。

艦砲射撃《かんぽうしゃげき》　軍艦《ぐんかん》から地上目標に対して砲撃《ほうげき》すること。連合国軍は上陸を行う前に、まず艦砲射撃《かんぽうしゃげき》を行った。

機関銃《きかんじゅう》　弾《たま》を自動的に詰《つ》めこみながら連続で発射《はっしゃ》する銃《じゅう》。機銃《きじゅう》。

帰還証明書《きかんしょうめいしょ》　除隊《じょたい》して帰還《きかん》したことを証明《しょうめい》する書類。

奇襲《きしゅう》　相手の油断《ゆだん》や不意をついて、予告《よこく》なしに襲《おそ》うこと。不意打ち。真珠湾攻撃《しんじゅわんこうげき》では、アメリカに日本からの宣戦布告《せんせんふこく》の文書が届《とど》いたのは攻撃《こうげき》の後だった。

機銃掃射《きじゅうそうしゃ》　戦闘機《せんとうき》についている機関銃《きかんじゅう》で、人をなぎ払《はら》うように射撃《しゃげき》すること。

鬼畜米英《きちくべいえい》　アメリカ人とイギリス人を、鬼《おに》のように残《ざん》酷《こく》で心のない行いをする人として憎《にく》しみをこめて呼《よ》んだ言葉。

徴兵制度《ちょうへいせいど》　兵役法《へいえきほう》によって、国民に兵役《へいえき》の義務《ぎむ》を課して、体力的に適任《てきにん》とされるものを兵士《へいし》とする制度《せいど》。

義勇隊《ぎゆうたい》　秩序《ちつじょ》の維持《いじ》や自衛《じえい》のために自発的に編成《へんせい》する戦闘《せんとう》部隊。防空《ぼうくう》や空襲《くうしゅう》による被害《ひがい》の復旧《ふっきゅう》などのために地域《ちいき》や職場《しょくば》で組織《そしき》された。

玉音放送《ぎょくおんほうそう》　天皇《てんのう》が終戦を国民に伝えたラジオ放送。

玉砕《ぎょくさい》　名誉《めいよ》や忠義《ちゅうぎ》のため潔《いさぎよ》く死ぬこと。「一億玉砕《ぎょくさい》」と国民を奮《ふる》い立たせた。

勤労奉仕《きんろうほうし》　社会の利益《りえき》のために、お金をもらわずに働くこと。

魚雷《ぎょらい》　海戦用の兵器。動力装置《そうち》で水中を進み、目標物に当たると爆発《ばくはつ》して船などを沈《しず》める。

機雷《きらい》　海戦用の兵器、機械水雷《きかいすいらい》の略称《りゃくしょう》。海に漂《ただよ》わせておき、敵《てき》が接近《せっきん》したり接触《せっしょく》すると自動または遠隔操作《えんかくそうさ》で爆発《ばくはつ》する。

空襲警報《くうしゅうけいほう》　敵《てき》の戦闘機《せんとうき》が近づいてきていることを知らせるサイレン。

駆逐艦《くちくかん》　ミサイルや魚雷《ぎょらい》などを載《の》せられる比較的《ひかくてき》小型《こがた》の海軍艦船《かいぐんかんせん》。

グラマン戦闘機《せんとうき》　アメリカ軍の戦闘機《せんとうき》。航空母艦《こうくうぼかん》から飛び立ち機関銃《きかんじゅう》で攻撃《こうげき》した。

軍医《ぐんい》　軍隊で医務《いむ》を担当《たんとう》した人。戦争が進むにつれて、けがや病気になる人が増《ふ》える一方、軍医や医療《いりょう》器具、薬が不足し、満足な治療《ちりょう》は出来なかった。

軍営《ぐんえい》　軍隊のいる場所。兵営《へいえい》、陣営《じんえい》。派遣《はけん》された先で、宿泊施設《しゅくはくしせつ》や食堂《しょくどう》などを建て、現地《げんち》で活動するための基地《きち》とした。

軍歌《ぐんか》　兵士《へいし》が行軍しながらうたう歌。歌うことで軍隊の士気《しき》を上げたり戦友を弔《とむら》うなどした。

軍紀《ぐんき》　軍隊の安全や統制《とうせい》のための風紀《ふうき》や規律《きりつ》。

軍事郵便《ぐんじゆうびん》　軍隊から出された郵便《ゆうびん》や軍人らに宛《あ》てられた郵便《ゆうびん》を、無料で届《とど》ける制度《せいど》。

軍装《ぐんそう》　戦闘《せんとう》のための装備《そうび》や武装《ぶそう》。軍服を着ること。

軍隊手帳《ぐんたいてちょう》　氏名、生年月日、兵の経歴《けいれき》などが書かれた手帳。常《つね》に携帯《けいたい》していた。

軍部大臣現役武官制《ぐんぶだいじんげんえきぶかんせい》　陸軍大臣・海軍大臣（まとめて軍部大臣）は、現役《げんえき》の大将《たいしょう》と中将《ちゅうしょう》から決めるとした制度《せいど》。

軍法会議《ぐんぽうかいぎ》　軍隊の法律違反《ほうりついはん》の疑《うたが》いがある軍関係者を裁《さば》く特別裁判所《さいばんしょ》。

ゲートル　足首からふくらはぎに巻《ま》く布《ぬの》や革《かわ》の巻《ま》きもの。足を守り、ズボンの裾《すそ》がからまなくなる。巻脚絆《まききゃはん》とも呼《よ》んだ。戦地では、包帯代わりや骨折《こっせつ》した手足を吊《つ》るためにも使われた。

現役兵《げんえきへい》　徴兵検査《ちょうへいけんさ》に甲種合格《こうしゅごうかく》した者のなかから抽選《ちゅうせん》で選抜《せんばつ》された兵士《へいし》。

原子爆弾《げんしばくだん》　ウランなどの原子核《げんしかく》を人工的に壊《こわ》し核分裂《かくぶんれつ》を起こすことで発生したエネルギーで爆発《ばくはつ》させる新しい爆弾《ばくだん》。広島と長崎に投下された。原子爆弾《ばくだん》の被爆者《ひばくしゃ》は、爆弾《ばくだん》による高熱や爆風《ばくふう》だけでなく、放射線《ほうしゃせん》によって苦しめられた。

憲兵《けんぺい》　軍事警察《けいさつ》をつかさどる兵。次第《しだい》に権限《けんげん》が大きくなり、国民の思想も取り締《し》まるようになった。

高射砲《こうしゃほう》　空中に侵入《しんにゅう》してきた敵《てき》の航空機《こうくうき》を撃墜《げきつい》するための火砲《かほう》（大砲《たいほう》）。

皇道派《こうどうは》　天皇《てんのう》中心主義をもとに、より直接《ちょくせつ》行動的で過《か》激《げき》な考え方をもつグループ。

抗日運動《こうにちうんどう》　日本による経済《けいざい》、政治《せいじ》、軍事的進出に反対する中国人民の抵抗《ていこう》運動。

降伏《こうふく》　負けたことを認《みと》め、相手にしたがうこと。

高粱《こうりゃん》　コーリャン。中国の東北地方などで栽培《さいばい》されている赤い穀物《こくもつ》。食べ物が不足してくると米の代わりに食べた。

国民学校《こくみんがっこう》　昭和十六（一九四一）年、国民学校令《こくみんがっこうれい》によってそれまでの「尋常《じんじょう》小学校」と「高等小学校」は「国民学校」となり、初等科六年と高等科二年の八年制《ねんせい》となった。

国民政府《こくみんせいふ》　中国における中国国民党《とう》による政府《せいふ》。

孤児収容所《こじしゅうようじょ》　戦争で親を亡《な》くした子どもを収容《しゅうよう》した施《し》設《せつ》。家族を失った孤児《こじ》が大勢《おおぜい》いた。

国家総動員法《こっかそうどういんほう》　戦争にそなえ、国の経済《けいざい》や国民の生活を統制《とうせい》できる権限《けんげん》を政府《せいふ》にあたえた法律《ほうりつ》。これに基《もと》づいて物資《ぶっし》や労力、資金《しきん》などが軍需《ぐんじゅ》生産にあてられた。

塹壕《ざんごう》　敵《てき》の銃弾《じゅうだん》による攻撃《こうげき》から身を守るために土を掘《ほ》るなどしてつくった溝《みぞ》。

サンフランシスコ平和条約《へいわじょうやく》　日本とアメリカやイギリスなどの連合国四十八か国の間で結ばれた、第二次世界大戦による法的な戦争状態《じょうたい》を終わらせるための講和条約《こうわじょうやく》。

志願兵《しがんへい》　徴兵検査《ちょうへいけんさ》で甲種合格《こうしゅごうかく》したが抽選《ちゅうせん》ではずれた人や、年齢《ねんれい》の制限《せいげん》がある人で、自ら希望して兵となった人。

事変《じへん》　宣戦布告《せんせんふこく》せず行われた国家間の戦争や紛争《ふんそう》。

従軍写真《じゅうぐんしゃしん》　兵士《へいし》や戦地の様子をおさめた写真。カメラマンが軍とともに行動して記録した。

従軍手帳《じゅうぐんてちょう》　兵士《へいし》が手帳として戦地にもっていったもの。日記を書くことなどに使った。

出征《しゅっせい》　軍隊に入って、戦争に行くこと。

恤兵《じゅっぺい》　軍隊や軍人にお金や寄付《きふ》などを送ること。戦地の兵士《へいし》を勇気づけ慰《なぐさ》めるために手紙や日用品を入れた慰問袋《いもんぶくろ》を届《とど》けたりした。

ジュネーブ条約《じょうやく》　戦闘《せんとう》に参加しない人々（一般《いっぱん》市民、衛生《えいせい》部隊、宗教指導者《しゅうきょうしどうしゃ》など）や、戦闘《せんとう》に直接《ちょくせつ》参加することができない人々（負傷兵《ふしょうへい》、捕虜《ほりょ》など）を保護《ほご》する国際条約《こくさいじょうやく》。

焼夷弾《しょういだん》　火事を起こすための爆弾《ばくだん》で、空中でひとつの爆《ばく》弾《だん》の中からたくさんの焼夷弾《しょういだん》が飛び出し、火がついた状態《じょうたい》でバラバラになって降《ふ》ってきた。

召集令状《しょうしゅうれいじょう》　軍に呼《よ》び集めるため下された命令状《めいれいじょう》。赤い紙に印刷《いんさつ》されているので、赤紙とも呼《よ》ばれた。

詔書《しょうしょ》　天皇《てんのう》の意思が示《しめ》された公《おおやけ》の文書。

詔勅《しょうちょく》　天皇《てんのう》が重要な国事に関して意思を書き記したもの。国民にポツダム宣言《せんげん》の受諾《じゅだく》を告げたのも詔勅《しょうちょく》。

少年航空兵《しょうねんこうくうへい》　通常《つうじょう》の徴兵年齢《ちょうへいねんれい》である二十歳《さい》よりも若《わか》い志願兵《しがんへい》で、飛行隊に所属《しょぞく》する者。適性《てきせい》試験の合格者《ごうかくしゃ》だけがなれた。少年たちの憧《あこが》れだった。

条約《じょうやく》　国の間で、文書によって約束された合意。

植民地《しょくみんち》　ほかの国によって、政治的《せいじてき》や経済的《けいざいてき》に支配《しはい》された国や地域《ちいき》。

女子挺身隊《じょしていしんたい》　主に結婚《けっこん》していない女性《じょせい》によって構成《こうせい》された勤労奉仕団体《きんろうほうしだんたい》。男性《だんせい》が戦地に行き減《へ》った労働力を補《おぎな》うため、地域《ちいき》や学校などで分けられ、工場や農地で働く義務《ぎむ》が課された。

侵攻《しんこう》　他国の領土《りょうど》に攻め入ること。

進駐《しんちゅう》　軍隊が他国の領土内《りょうどない》に進軍し、そこにある期間とどまること。戦後の日本にはアメリカ軍が進駐《しんちゅう》していた。

侵略《しんりゃく》　他国の領土《りょうど》に攻め入って、武力で相手の土地や財物《ざいさん》を奪《うば》い取ること。

戦災者証明書《せんさいしゃしょうめいしょ》　戦争により被害《ひがい》を受けたことを証明《しょうめい》し、国から配給などを受けるために必要な書類。実際《じっさい》はほとんど救済《きゅうさい》されていない。

戦陣訓《せんじんくん》　軍人の心得《こころえ》。太平洋戦争中のものは、陸軍大臣の東条英機《とうじょうひでき》が発した戦場での心得《こころえ》。敵《てき》の捕《ほ》虜《りょ》になるのは恥《はじ》だ、捕虜《ほりょ》になるくらいなら自決しなさいなどと教えていた。

千人針《せんにんばり》　大勢《おおぜい》の女性《じょせい》が白いさらし布《ぬの》に赤糸を縫《ぬ》い付けて結び目をつくり祈《いの》ること。出来上がったものは、兵士《へいし》に銃弾《じゅうだん》よけのお守りとして贈《おく》られた。戦《いくさ》の神・毘沙門天《びしゃもんてん》の使い、虎《とら》の絵が縫《ぬ》い付けられることもあった。

疎開《そかい》　空襲《くうしゅう》の被害《ひがい》を少なくするために、都市部に住む人や、財産《ざいさん》などを田舎《いなか》に移《うつ》すこと。

ソ連《れん》　一九一七年のロシア革命《かくめい》で誕生《たんじょう》した社会主義政権《せいけん》が、一九二二年に成立させたソビエト社会主義共和国連邦《きょうわこくれんぽう》の略称《りゃくしょう》。一九九一年に崩《ほう》壊《かい》。現在《げんざい》のロシア連邦《れんぽう》。

大本営《だいほんえい》　陸海軍の最高機関。国民にむけて発表した戦争の状況報《じょうきょうほう》は、大本営《だいほんえい》発表と呼《よ》ばれた。

代用品《だいようひん》　戦争がはげしくなり不足した生活物資《ぶっし》の代わりに、本来の材質《ざいしつ》に代わった材料で作られた製品《せいひん》。代用食品もつくられた。

中共《ちゅうきょう》　中国共産党《とう》の略称《りゃくしょう》。

調印《ちょういん》　国の代表者が、条約《じょうやく》の文書に名前をしるして、条約《じょうやく》が成立したことを示《しめ》すこと。

長征《ちょうせい》　中国の国民党《とう》軍の攻撃《こうげき》を受けて、毛沢東《もうたくとう》が率《ひき》いる中国共産党《とう》軍（紅軍《こうぐん》）が、本拠地《ほんきょち》の瑞金《ずいきん》を放棄《ほうき》して一年がかりで延安《えんあん》へ大移動《いどう》した。

徴兵《ちょうへい》　国民に兵役《へいえき》の義務《ぎむ》を課し、二十歳《さい》以上の男子を集め、軍事教育を施《ほどこ》す制度《せいど》。

徴兵検査《ちょうへいけんさ》　兵に向いているか確認《かくにん》する身体検査《けんさ》。健康で体格《たいかく》の良い人を甲種《こうしゅ》とし、乙種《おつしゅ》との二種が現役合格《げんえきごうかく》。甲種合格《こうしゅごうかく》以外は恥《はじ》とされていた。

勅語《ちょくご》　天皇《てんのう》の国務《こくむ》に関する意思を表示するために公表された言葉。書面にしたものは勅語書《ちょくごしょ》。

勅諭《ちょくゆ》　直接《ちょくせつ》下された天皇《てんのう》の言葉。

通告《つうこく》　決定事項《じこう》や意向などを告《つ》げ知らせること。特に、文書などで正式に告《つ》げ知らせること。

挺身隊《ていしんたい》　危険《きけん》な任務《にんむ》も成しとげるために身を投げうつ覚悟《かくご》をもった人の組織《そしき》。

特攻隊《とっこうたい》　特別攻撃隊《こうげきたい》の略称《りゃくしょう》。生きて帰ることを前提《ぜんてい》としない攻撃《こうげき》をする隊。海軍が編成《へんせい》した神風特別攻撃隊《こうげきたい》などで知られる。

隣組《となりぐみ》　国民統制《とうせい》のためにつくられた地域組織《ちいきそしき》。町内会などのもと、近隣数軒《きんりんすうけん》がひとつの単位となって、互助《ごじょ》・自警《じけい》・配給などにあたった。

ナチス　第二次世界大戦時にドイツを支配《しはい》していた政《せい》党《とう》。党首《とうしゅ》はヒトラー。

南進論《なんしんろん》　戦前に唱えられた「日本は東南アジアなど南方地域《ちいき》へ進出すべきである」という考え。

南方戦線《なんぽうせんせん》　現在《げんざい》の東南アジアおよび太平洋南部。太平洋戦争における激戦《げきせん》地域《ちいき》。日本は、石油などの資源《しげん》を求めて、米英の植民地だった南方に武力《ぶりょく》進出をはかった。

入営《にゅうえい》　軍人《ぐんじん》たちがいる建物（兵営《へいえい》）にいくこと。入隊すること。

認識票《にんしきひょう》　名前や所属《しょぞく》などを刻《きざ》んだ金属製《きんぞくせい》の札《ふだ》。戦死した場合の身元確認《かくにん》のために身につけていた。

配給点数切符《はいきゅうてんすうきっぷ》　物を買う権利《けんり》を点数制《てんすうせい》の切符《きっぷ》にしたもの。物資《ぶっし》の供給量《きょうきゅうりょう》が国によって管理され、生活必需品《ひつじゅひん》の配給制度《せいど》がはじまると、各家庭に切符《きっぷ》が配布《はいふ》された。品物によって点数が決められ、手持ちの点数分しか買えなかった。

背嚢《はいのう》　軍人などが物を入れて背負《せお》うかばん。

B29　アメリカ軍の爆撃機《ばくげきき》。高い所を飛び、日本の飛行機では追いつけなかった。

引《ひ》き揚《あ》げ　日本の敗戦によって日本の軍人や民間人が満州《まんしゅう》や韓国《かんこく》などの外国から帰国したこと。帰国は簡単《かんたん》なことではなく、財産《ざいさん》を手放し、汽車や船も足りず、病気にかかるなど大変な苦労をし、多くの人が命を落とした。

被爆者《ひばくしゃ》　原子爆弾《ばくだん》による被害《ひがい》にあった人。

ひめゆり部隊《ぶたい》　地上戦が行われた沖縄で軍の指示《しじ》により組織《そしき》された、沖縄師範《しはん》学校女子部と沖縄県立第一高等女学校の生徒と職員《しょくいん》による看護《かんご》隊《たい》。米軍に追われ集団《しゅうだん》自決を行った。

武運長久《ぶうんちょうきゅう》　武運《ぶうん》が久《ひさ》しく続くこと。

不可侵条約《ふかしんじょうやく》　お互《たが》いに相手の国に対して侵略行為《しんりゃくこうい》を行わない事を国際的《こくさいてき》に約束する条約《じょうやく》。

復員《ふくいん》　兵士《へいし》を軍務《ぐんむ》から解《と》いて帰すこと。

武装解除《ぶそうかいじょ》　降伏《こうふく》した者や捕虜《ほりょ》などから強制的《きょうせいてき》に武器《ぶき》を取り去ること。ポツダム宣言《せんげん》によって日本軍の武装解除《ぶそうかいじょ》が行われた。

紛争《ふんそう》　経済《けいざい》や宗教《しゅうきょう》、文化などのちがいから起こる争い。国家間にかぎらず、国内、個人《こじん》などあらゆる関係で起きる。

兵営《へいえい》　訓練などのために戦場から離《はな》れた場所に置かれた、兵がすごす施設《しせつ》。

奉安殿《ほうあんでん》　天皇《てんのう》と皇后《こうごう》の写真や教育勅語謄本《きょういくちょくごとうほん》（天皇《てんのう》が道徳などを教える言葉の写し）を納《おさ》めていた建物。明治以降《いこう》、全国の学校に建設《けんせつ》され、その前を通る際《さい》には、深くおじぎや敬礼《けいれい》をしなければならなかった。戦後に全面撤去《てっきょ》された。

防空壕《ぼうくうごう》　崖《がけ》や斜面《しゃめん》を掘《ほ》るなどして作られた、爆撃《ばくげき》から避難《ひなん》するための穴《あな》や建物。

防空頭巾《ぼうくうずきん》　防災頭巾《ぼうさいずきん》のように布《ぬの》の内側に綿《わた》などがつめられた、頭を守るためのかぶりもの。

奉公袋《ほうこうぶくろ》　召集《しょうしゅう》のときに兵士《へいし》が持っていく袋《ふくろ》の陸軍での呼《よ》び方。召集令状《しょうしゅうれいじょう》や名札など入営《にゅうえい》に必要な物を入れていた。

補充兵《ほじゅうへい》　兵力不足を補《おぎな》うために集められた兵士《へいし》。徴兵《ちょうへい》検査《けんさ》で甲種合格《こうしゅごうかく》だったが抽選《ちゅうせん》で選ばれなかった人や、乙種合格《おつしゅごうかく》だった人が召集《しょうしゅう》された。

ポツダム宣言《せんげん》　イギリス、アメリカ、中国の連名で出された、日本に対して無条件降伏《むじょうけんこうふく》を求める声明。

捕虜《ほりょ》　戦争において敵《てき》に捕《とら》えられた人。働かされたり殺《ころ》されたりもした。捕虜《ほりょ》になった人の多くは終戦後も長く帰国できなかった。

満州国《まんしゅうこく》　昭和七(一九三二)年から昭和二十(一九四五)年の間、中国東北部の満州《まんしゅう》にあった実質的《じっしつてき》に日本の支配下《しはいか》にあった国家。満州《まんしゅう》事変後、日本の軍事行動により建国された。日本が国際《こくさい》連盟《れんめい》を脱退《だったい》する主な要因《よういん》となった。

満鉄《まんてつ》　南満州《みなみまんしゅう》鉄道株式《かぶしき》会社。日露《にちろ》戦争に勝ち、ロシアから鉄道利権《りけん》を得《え》たことにはじまる会社で、日本の植民地経営《けいえい》の土台となった。

無条件降伏《むじょうけんこうふく》　何も条件《じょうけん》をつけずに降伏《こうふく》すること。日本は、無条件《むじょうけん》で敗戦を認《みと》めて、太平洋戦争が終わることになった。

盲爆《もうばく》　特定の目標を定めずに、むやみやたらに爆撃《ばくげき》すること。

もんぺ　ゆったりとした裾《すそ》を絞《しぼ》った女性《じょせい》用のズボン。動きやすく簡単《かんたん》につくれた。倹約《けんやく》のため戦争中は政府《せいふ》による「モンペ普及《ふきゅう》運動」があり、ほぼ強制的《きょうせいてき》に着用させられていた。

野戦病院《やせんびょういん》　大きな部隊が戦闘《せんとう》を行うときに戦場につくられた病院。部隊にともなって移動《いどう》する簡易《かんい》的《てき》な施設《しせつ》。

闇市《やみいち》　公的には禁止《きんし》された「闇物資《やみぶっし》」が売られていた市場。配給される食料や日用品だけでは足りず、品物が高額《こうがく》で取引された。

抑留《よくりゅう》　一定の場所にとどめておくこと。終戦後、捕《ほ》虜《りょ》となった軍人や民間人が、ソ連によってシベリアなどに抑留《よくりゅう》され、寒くて厳《きび》しい環境《かんきょう》で強制《きょうせい》労働を強《し》いられた。

臨時召集令状《りんじしょうしゅうれいじょう》　兵が不足して、兵役《へいえき》から帰還《きかん》した人や徴兵検査《ちょうへいけんさ》で選抜《せんばつ》されなかった人を、兵士《へいし》として召集《しょうしゅう》する命令状《めいれいじょう》。赤い用紙が使われたので赤紙とも呼《よ》ばれる。

執筆者紹介（収録順）

神沢利子《かんざわ　としこ》
大正13年1月29日〜福岡生まれ
おもな作品に『くまの子ウーフ』（ポプラ社）『はけたよはけたよ』（偕成社）『いたずらラッコのロッコ』『ふらいぱんじいさん』（ともにあかね書房）など

灰谷健次郎《はいたに　けんじろう》
昭和9年10月31日〜平成18年11月23日　兵庫生まれ
おもな作品に『太陽の子』『兎の眼』（ともに理論社）『ろくべえまってろよ』（文研出版）『マコチン』『だれもしらない』（ともにあかね書房）など

立原えりか《たちはら　えりか》
昭和12年10月13日〜東京生まれ
おもな作品に『あんず林のどろぼう』（岩崎書店）『ふたりのゆきだるま』（講談社）『みりとミミのひみつのじかん』（あかね書房）など

筒井敬介《つつい　けいすけ》
大正7年1月3日〜平成17年1月8日　東京生まれ
おもな作品に『へんなどうぶつえん』（小峰書店）『コルプスせんせいとかばくん』（フレーベル館）『じんじろべえ』『ぺろぺろん』（ともにあかね書房）など

杉浦範茂《すぎうら　はんも》
昭和6年9月17日〜愛知生まれ
おもな作品に『サンタクロースってほんとにいるの？』（福音館書店）『海をかっとばせ』『まつげの海のひこうせん』（ともに偕成社）など

太田大八《おおた　だいはち》
大正7年12月29日〜平成28年8月2日　長崎生まれ
おもな作品に『かさ』（文研出版）『ながさきくんち』『絵本西遊記』（ともに童心社）『やまなしもぎ』『だいちゃんとうみ』（ともに福音館書店）など

竹崎有斐《たけざき　ゆうひ》

大正12年8月1日～平成5年9月17日　熊本生まれ

おもな作品に『石切り山の人びと』（偕成社）『ひとりぼっちのかみさま』（金の星社）『一年生になったぞワン』（あかね書房）など

大石真《おおいし　まこと》

大正14年12月8日～平成2年9月4日　埼玉生まれ

おもな作品に『チョコレート戦争』（理論社）『さとるのじてんしゃ』（小峰書店）『もりたろうさんのじどうしゃ』（ポプラ社）『ふしぎなつむじ風』（あかね書房）など

古田足日《ふるた　たるひ》

昭和2年11月29日～平成26年6月8日　愛媛生まれ

おもな作品に『おしいれのぼうけん』『ダンプえんちょうやっつけた』（ともに童心社）『モグラ原っぱのなかまたち』（あかね書房）など

あとがき

編集室《へんしゅうしつ》の窓《まど》から空をあおぐと、今日も空は青く晴れています。三十年前、この空が赤く焼けただれていたとは、とうてい思えない静けさです。しかし、日本中の人達、いや世界の大部分の人達が生き地獄《じごく》の最中にあったことは事実でした。私達《わたしたち》は、この体験集をまとめるために、たくさんの方々《かたがた》に話をうかがいました。ある人は苦渋《くじゅう》に満ちた顔で、ある人は目に涙《なみだ》を浮《う》かべて、当時を語ってくれました。あやまちの代償《だいしょう》にしては、あまりにも悲しく、痛々《いたいた》しい事実でした。

そして、ほとんどの人の話の中に、表現《ひょうげん》に多少の違《ちが》いはあっても、次のようなことばが出てくるのも、また事実でした。それは私達《わたしたち》にとってたいへん印象《いんしょう》深いことでした。

「もう三十年もたったのですね。でも、ついきのうのことのように思えるのです。心のひだにくっきりと焼き付いてはなれないせいなのですね。」

「なにもかも、〝戦争に勝つため〟という考え方一色にぬりつぶされていました。戦争に対するほんの少しの疑問《ぎもん》をさしはさむ余地《よち》さえない仕組みになっていたのです。今考えると、このことがいちばん恐《おそ》ろしいことです。」

「思い出すのもいやなくらい、重苦しい時代だったけど、それを今の子どもに伝えるのが私《わたし》たちの責任《せきにん》なのですね……。」と――。

この体験集を読んで、あなたはどんな感想を持ちましたか。お友だちやご両親とぜひ話し合ってみてください。

なお、この本の姉妹編《しまいへん》に、子どものころの戦争体験集、「子どものころ戦争があった」（あかね書房版《しょぼうはん》・一九七四年発行）があります。合わせてお読みください。

これらの本が、戦争の悲惨《ひさん》さと平和であることの尊《とうと》さを考えてみるきっかけになることを、私達《わたしたち》は強く願っております。

あかね書房出版部《しょぼうしゅっぱんぶ》

昭和五十（一九七五）年六月

戦火の中の子どもたち
――あの日を忘《わす》れないで

山下明生《やましたはるお》

「この道はいつか来た道……」戦後まもなく、学生たちの戦争反対のデモで、この童謡《どうよう》を合唱していたのを思い出します。戦争への道を二度とたどってはならないという願いをこめて、歌われていたのです。

その戦争から今や八十年がすぎました。戦争への道が、しだいに近くなっているように思えるこのごろです。

――空襲警報《くうしゅうけいほう》、防空壕《ぼうくうごう》、学徒出陣《がくとしゅつじん》、学童疎開《がくどうそかい》、戦災孤児《せんさいこじ》、原爆被爆者《げんばくひばくしゃ》……。

戦争に関するたくさんの言葉が、消えかかっています。皆《みな》さんのおじいさんやおばあさんが子どものころに経験《けいけん》した戦時下の記憶《きおく》が、忘《わす》れ去られています。

今の平和な時代を守り通すためには、あの戦争の日の犠牲《ぎせい》を無駄《むだ》にしてはいけない。そんな切実な思いから、『子どものころ戦争があった』『わたしの8月

15日』の二冊を出版したのが、昭和四十年代の終わりころでした。

「戦争の一番の犠牲者《ぎせいしゃ》は子ども」とは、よくいわれますが、この体験記を読み返すたびに、戦争中の子どもたちのきびしい生活がよみがえり、胸《むね》を打ちます。

あの体験集から、はやくも半世紀《はんせいき》が経過《けいか》し、筆者もご高齢《こうれい》となり、亡《な》くなられた方も多数いらっしゃいます。このたび、戦後八十年を迎《むか》えて、三冊に再編《さいへん》集《しゅう》された記念出版《しゅっぱん》をすることになりました。この貴重《きちょう》な体験の記録を、改めて世に送ることができます。ひとりでも多くの読者が、この本を通じて、戦争と平和について真剣《しんけん》に考えてくれるよう、心から願っています。

この「あとがき」をまとめていた矢先、「核兵器《かくへいき》のない平和な世界」を訴《うった》えつづけてきた日本原水爆被害者団体協議会《にほんげんすいばくひがいしゃだんたいきょうぎかい》（被団協《ひだんきょう》）が、二〇二四年度のノーベル平和賞《しょう》を受賞《じゅしょう》しました。平和を熱望する人びとに、勇気と希望を与《あた》えてくれる、すばらしいニュースです。

令和七（二〇二五）年三月

装丁　　　株式会社アンシークデザイン
編集協力　平勢彩子

未来に残す・児童文学作家と画家が語る戦争体験 2
わたしの 8 月 15 日（新編）

2025 年 3 月 10 日　初版

あかね書房　編集

発行者　岡本光晴
発行所　株式会社あかね書房
〒101-0065　東京都千代田区西神田 3-2-1
電話　03-3263-0641（営業）
03-3263-0644（編集）
https://www.akaneshobo.co.jp
印刷所　錦明印刷株式会社
製本所　株式会社ブックアート

NDC916　175p　22cm × 16cm　ISBN 978-4-251-09799-6